横田耕一著

# 憲法と天皇制

岩波新書

129

# はじめに

天皇の代替わりに直面して、ここ数年、天皇制度や裕仁天皇について、支持・不支持双方からさまざまな議論が展開されている。実際、ちょっとした街角の本屋に立ち寄れば、天皇問題に関する本を何冊か容易に見つけだすことができる。天皇問題に関するこのような論議の高まりは敗戦直後を思わしめるものがあり、沈滞していた一昔前が信じられないような気分になってくる。

現在の論議の盛況が敗戦直後と異なるのは、ともすれば後者にあっては、敗戦前の一種の「天皇教」に対する感情的な護教論と棄教論とが優勢であるか、冷静な分析が行われる場合にももっぱらそれは天皇制の経済史的分析が中心であったのに対し、今日は、歴史学・文学・文化人類学・政治学・宗教学・民俗学・心理学・哲学等々、多くの学問領域からの多角的で科学的な分析がなされているところに特色がある。

かつて評論家・竹内好は、「一木一草に天皇制がある」と指摘したことがあるが、そこで彼の言う天皇制がなんであるかは別としても、かつての日本国民、少なくとも近代の日本国民にとって、天皇や天皇制度の存在は、公的生活のみならず、私的生活にも影響を与えるものであったし、天皇・天皇制度を支える意識は家族生活や諸人間関係を規律する意識と同様の構造を示すものであった。そして若者を含む現在の日本国民にとっても、こうした影響や意識が無縁であるとは到底言えないことを、「自粛」などをめぐるこの間の一連の過程は示したのである。そうであるから、天皇論議の盛況は必要なことであったし、またそれを一過性のものにとどめることなく、一時期のはやり言葉を使えば、「日本国民、あるいは私にとって天皇とはなにか」との問いに対しては、今後とも持続的に、より多面的に、根底的に、大胆に、しかも冷静に答えていかなければならないように思われるのである。

ところが、天皇問題について論点を提起しそれを冷静に論議することは、護教の側の一部の者にとっては、神の存在の否定のようにしばしば思われるらしい。他方、棄教の側の一部の者にとっても、天皇問題の冷静な論議は体制の側に包摂された、神の存在を前提とするもののように映じるらしい。かくして、しばしば天皇問題の論議は、冷静で合理的な論議の次元を離れ、神を信じるか信じないかの踏み絵的争いの様相を呈し、あげくは暴力的決着が図られるに到るのである。

しかし、荒唐無稽の土台の上には、また軟弱な土地の上には、確固たる護教論・棄教論は打ち立てられることはないだろう。その意味でも、論争のすすめが妥当する。

ところで、この間の天皇問題をめぐる論議において、しばしば現実の天皇制度を無視したり、軽視する議論が行われている。もとより天皇問題は政治的(憲法)制度としての天皇制度に収まるものではないが、現実に存在する天皇や天皇制度がなによりも憲法制度として存在するものである以上、その問題を抜きにして現在の天皇問題を論じることはできない。そして、本文中でも述べるように、現在の天皇・天皇制度は日本国憲法を離れてその正当性を標榜することは許されないはずである。そうであるなら、現在の天皇・天皇制度を論じる場合には、憲法制度としての天皇制の理解が不可欠であろう。このささやかな書は、その理解になにほどか役立つことを願って書かれている。

さて、現在における憲法制度としての天皇制を理解するための出発点は、その制度を正当化した日本国憲法であり、この憲法が天皇・天皇制度をどのようなものとして設定しているかを先ず明らかにしなければならない。これはすぐれて憲法解釈の領域の問題であり、それだけに異論も多くありうる部分だが、ここでは異論に配慮しつつ、筆者が妥当と考える理解を積極的に示した。

しかし、憲法の設定した象徴天皇制は、すでに四〇年を越える歴史を持っている。この間、象徴天皇制は、時代の変化とともにやや異なる姿を示してきた。その姿の変貌を、天皇の権威強化との関わりで認識したとき、近年における天皇の権威強化の傾向が目立つが、それは日本の支配層が天皇に国民統合作用を期待しているためと考えられる。

ところが、そのような天皇の権威強化を支えているものや諸手段の多くは、先に明らかにした憲法の原点・趣旨と矛盾しているように思われる。天皇・天皇制度の根拠が日本国憲法にある限り、その矛盾は憲法に合致するように解決されなければならない。そうした視点から、近年の権威強化の動向を整理したのが第三章である。

そしてその矛盾は、天皇代替わり儀式に集約的に現れてきているのである。

他方、そのような権威強化は、憲法の作られた目的である人権保障をも侵害することになっているが、仮に権威強化が行われないとしても、天皇制度の存在自体が自由や平等原則の保障と抵触する側面を有している。そのことの認識は、天皇制度を支持するにせよ、必要であろう。

本書が憲法制度としての天皇制の理解に役立てば幸いである。

一九九〇年六月

横田耕一

# 第11刷にあたって

本書の記述について、以下を付言する。

一九九九年、第一四五国会において、「国旗は、日章旗とする」、「国歌は、君が代とする」と定めた『国旗及び国歌に関する法律』が制定された。その別記第一で、旗のサイズや日章の大きさ・位置が決められるとともに日章の彩色は紅色とされた。他方、「君が代」の意味に関して、国会答弁で小渕首相は、「君」は「日本国及び日本国民統合の象徴であり、その地位が主権の存する国民の総意に基づく天皇」を指し、「代」は「国」を指すと断言した。そして首相によれば、「君が代」とは天皇を象徴とする「我が国」のことだと論じた。しかし、首相の言によっても、素直に言葉を代入すれば、「君が代」は「天皇の国」と解されるはずである。これは本文中でも述べたように、国民主権の憲法と明白に矛盾し、この意味であるなら「君が代」は違憲であり、それを国歌とする規定は無効と解されるべきであろう。また、「君」を天皇とするなら、この意味での「君」に対応する言葉は「臣」であり、国民を「臣」とみなすような理解は許されまい。ともあれ、立憲主義の下では、「国旗」「国歌」の強制を通して学校現場で特定の理念(愛国心など)を生徒に強要する権能は国家にはないはずである(一九四三年米国最高裁「バーネット判決」参照)。

一九九九年九月

# 目次

# 一　制度としての象徴天皇制

## 1　象徴天皇制の二つのとらえ方

「新天皇陛下は、宮内庁の記録によると、第百二十五代天皇となる」――これは、裕仁天皇の死去と、明仁天皇の即位を伝えたある新聞(毎日新聞八九年一月七日夕刊)の記事である。別の新聞(朝日新聞同日号外)は、「在位期間は六十二年に及んだ」と書いた。おそらく、大多数の国民は、この報道にはなんの違和感もなく、当たり前のことを報じたものとしてとらえたに違いない。しかし、神武天皇など初期の「天皇」は実在していなかったのではないかとの疑問は別としても、国家制度の視点から見て、憲法制度として現在存在している天皇と、かつて歴史的に存在してきた天皇とは同じものだろうか。また、大日本帝国憲法時代に存在した天皇と現在の天皇とは基本的に同じものであり、連続して在位期間を数えたりできるものであろうか。

こうした疑問は、大日本帝国憲法時代には、少なくとも、憲法上は存在しなかった。なぜなら、大日本帝国憲法はそれによって新たに天皇制度を設けるなどとの発想はまったくなく、その「告文《こうもん》」に明確に述べられているように、天皇は「惟神《かんながら》ノ宝祚《あまつひつぎ》〔皇位〕ヲ承継シ」たのであり、「皇宗ノ遺訓ヲ明徴ニシ典憲ヲ成立シ条章ヲ昭示シ」たのであって、憲法は「皇祖皇宗ノ後裔《こうえい》ニ貽《のこ》シタマヘル統治ノ洪範《こうはん》ヲ紹述スルニ外ナラス」とされていたのであるから、まずなによりも万邦《ばんぽう》無比の「国体」や歴史的・伝統的存在である天皇があって、憲法はそれを確認的に記述したに過ぎなかったからである。したがって、当然に、憲法で述べられている天皇は、法的にも従来の天皇と連続するものであった。

しかし、日本国憲法はそのようなものとして成立したものではない。その前文が述べるように、それは主権者たる国民が確定したものであり、「国政は、国民の厳粛な信託によるもの」である。そうであるなら、社会契約説的思考を前提とした現憲法においては、憲法以前の「国体」や歴史的制度は、憲法の具体的規定を離れて主張されることはできないはずである。そこで、制度としての天皇がどのような存在であるかは、具体的憲法規定からの帰納によって決まるのであって、無原則的に歴史的存在としての天皇を憲法上の天皇と同一視することはできない。それなら、かつての天皇と現憲法の天皇は基本的に同一のものであり、連続したものとしてとらえられるであろうか。

日本国憲法の原案を作成した連合軍総司令部(GHQ)には、新しい憲法の天皇が従来の天皇とはまったく別の制度で、新しい制度にたまたま「天皇」という名称が付けられるのだという考えはなかった。そこでは、従来の天皇制度を根本的に変更するものではあるが、天皇制度を廃止し新たな制度を作るものではなく、また、当時の裕仁天皇は、退位の可能性はあるとしても、当然に新憲法の天皇であると考えられていた。しかし、実際にGHQが作成した憲法における天皇理解では、過去の天皇制度との「断絶性」がいちじるしく、天皇が象徴であるのは従来からそうであったのではなく、この憲法によって初めて天皇に付与された性格だとGHQはとらえていたし、内閣との関係においても、天皇は内閣の上位にあるのではなく、むしろ内閣が天皇よりも高いという建前で制定したとされていた(国事行為に対する内閣の「助言と承認」という言葉が確定するまでの、日本側とのやりとりの中に端的に示されている)。また、天皇は主権者たる国民の中には含まれておらず、天皇は国民の意思によって廃止しうるものでもあった。

けれども、一九四六年の制憲議会では、政府の側にも、政党の側にも、「断絶性」の視点はほとんど存在しなかった。とりわけ、政府にあっては、一貫して「連続性」が強調されるとともに、「国体」は本質的に変わらないのだとまで説かれる始末であった。たとえば、政府側の中心として活躍した金森国務大臣の答弁でも、従来の制度は「大幅に改正」をみたとはされたものの、従来の天皇制度の実態が変更されることは決して認められなかったのである。そして、国民主権についても、「主権は国民に在るが、どんな形で国民に在るかと云うと、天皇を中心としてある」として、天皇中心主義が説かれるとともに、「天皇が国民の下位に置かるるという思想は毫末《ごうまつ》も含んで居りませぬ」と明言されたように、政府の考える天皇は従来の天皇と実質的には同一性格のものであった。

これらの実際の政治の動きに対して、制憲当時の憲法学界の多数も、天皇主権が国民主権に変わり法的な意味での「国体」は変更され、権能などの面でも天皇制度は根本的な変貌を遂げたとしながらも、天皇制度を憲法によって創設されたものとまでは考えず、従来のそれとある程度の「連続性」を持つものとしてとらえ、解説をした。

しかし、現憲法下での諸制度はすべて憲法の授権に基づくもので、憲法規範が述べるところが制度の内容のすべてであるとする観点を徹底する立場からは、現憲法の天皇制度の内容が旧憲法のそれとまったく異なるところから、制度としては両者はまったく別物であるとして、「断絶性」を強調する学説が生まれてきた。この見方を、もっとも早く、しかも明快に展開したのは、のちに最高裁長官を務めた横田喜三郎であった（『天皇制』）。横田は、天皇制度を分析する視点として、天皇の地位・地位の根拠・権能をとり、この三点について現憲法と旧憲法の天皇を比較・検討したのち、いずれの点でも両者はまったく異なるとして、現憲法の天皇制度を従来のものの継続ではなく、創設された制度と断定したのである。たしかに、両天皇はこの三点でみる限り、まったく異なっている。地位についてみれば、一方は国の最高決定権者(主権者)であり、他方は日本国・日本国民統合の象徴であり主権者は国民である。地位の根拠は、一方が神の意思(神勅)にあり、国民がその地位について一切口出しできないのに対し、他方は国民の総意を根拠としており、その存在は国民にかかっている。権能についても、一方は統治権の総攬《そうらん》者であり多くの大権を持つものであるのに対して、他方は一切の政治的権能を持たず、形式的・儀礼的行為しか行うことができない存在である。そうであるなら、横田ならずとも、両制度を別物と見て、象徴天皇制を日本国憲法によって創設された制度として理解する学説が、学界でその後ある程度の支持を受けるようになったのは当然である。この説では、現憲法の天皇制度は憲法の施行に始まるのであるから、初代の天皇が就任したのであり、従来の裕仁天皇が新憲法でも天皇であるのは、たまたま「その地位にいままでの天皇をつけた」ということでしかなくなる。したがって、両制度の断絶を当然とする横田が、創設された地位などを指して「いままでと同じように、天皇とか、天皇制とか呼ぶのは実は適当といえない」として、「何か別な名で呼ぶのが正当である」と述べ、「性質の全くかわったものを同じ名で呼ぶことは、理論的に、正当でないばかりでなく、実際的にも誤解と混乱を生ずるばかりである」としたのは、当然の論理的帰結であった。

右にみた、旧憲法と新憲法の二つの天皇制度を「連続性」の観点から把握しようとする立場と、「断絶性」の観点から把握しようとする立場は、必然的にではないけれども、憲法解釈において、ある種の相違をもたらしている。すなわち、「連続性」を肯定する立場が、ともすれば旧天皇制度の解釈や慣行を、日本国憲法に明白に矛盾しない限り容認していく態度を示すのに対して、「断絶性」を強調する立場は、天皇制の伝統や慣行を当然の前提とは考えず、天皇のあり方を憲法規範や憲法の基本原則に基づいて考えていく態度を示すことになっている。もとより、「連続性」のみを強調する学説はきわめて少数であるので、大方の点では両者の態度自体が決定的な相違をもたらすことは少ないけれども、旧天皇制度から新憲法と矛盾するものを引き算したものが象徴天皇制であると考えるのと、基本的に新憲法に記述されているものが象徴天皇制であるとしてそこから出発するのとでは、やはり若干の相違があり、特に皇室典範や皇室儀式などの評価にあたって意見が分かれる傾向がある。

しかし、現実の象徴天皇制は、当初より「連続性」の観点から理解され、運用されている。そもそも、日本国憲法が大日本帝国憲法七三条による改正憲法として成立していること、横田のような批判があるとしても現実には「天皇」という名称がそのまま新制度についても使用されていること、それに示されるように憲法を直接に作った人びとには断絶性の観点が弱かったこと、憲法構成をみても第一章は天皇となっており旧憲法を受け継ぐ体裁となっていること、従来の天皇制度にともなう諸制度や諸慣行が明白に憲法に矛盾しない限りほとんどそのまま踏襲されていることなどがあり、なによりも従前の裕仁天皇が、特別の根拠もあげられないまま当然のように象徴天皇に就任していることは、「断絶性」の観点からは説明が困難で、「連続性」の観点を補強するものとなっている。

しかし、象徴天皇制を制度として理解する場合に「断絶性」の観点をとる者が、現実に存在している天皇制度が歴史的・社会的継続性をもっていることを認識しないわけではない。現実の「連続性」と、憲法規範上の「断絶性」の緊張関係において象徴天皇制を理解することがこの立場の特徴であるからである。そして、象徴天皇制の憲法制度としての理解を国民主権原則に可能な限り近づけることで、原理的に国民主権原則と矛盾する象徴天皇制を可能な限り無化するとともに、なおかつ残る矛盾を直視しようとするこの立場は、象徴天皇制からも逸脱しがちな現実をもっともよく批判的に相対化して考察できるように思われる。そして、この立場からすれば、一二五代の天皇とか、在位六二年とかといった認識はありえないことになろう。

## 2 象徴天皇制の法的位置づけ

### 憲法との関係

右にもみたように、大日本帝国憲法は、天皇制度を創設したものではなく、「国体」を前提として天皇の立場を宣言的に確認したものであったから、天皇の立場は憲法の規定するところに限定されず、憲法が明示していない広大な領域が天皇には残されていた。たとえば、歴史的な天皇にとって中枢的な権限である祭祀《さいし》を行う権限について憲法はなんの規定も設けていなかったが、戦前の立憲的憲法学の代表である美濃部達吉ですら、憲法の規定するさまざまな大権とともに、天皇大権の一つとして祭祀大権を位置づけていたのである。このように、敗戦前の天皇の立場を理解するためには、憲法を眺めるだけではまったく不十分で、むしろ「国体」論的な理解が要求される部分があった。

しかも敗戦前には、元老や内大臣・重臣会議などの、憲法に規定していない慣行ないし制度があって、それが現実の政治において大きな役割を果たすとともに、これらは必ずしも憲法的統制の下になかったので、天皇の権限行使のありようを知るためにも、憲法を参照するだけでは到底不十分であった。

それに加えて、大日本帝国憲法時代には、天皇にあらゆる権限が集中している建前になっているものの、立憲君主制的運用がある時期には行われたため、名目と実体とはしばしば異なるものとなった。たとえば、裕仁天皇は、内閣の輔弼《ほひつ》に基づいて大権を行使するときに、輔弼があったときにはそれを拒否しないという対応を原則的に心掛けたため、ある場合には天皇の大権は名目的なものとなった。（誤解のないよう一言すると、これは天皇がいわゆる「終戦の聖断」などの例外的場合を除いて、自分の意思を表明せず、内閣の意思のままに行動したということではない。天皇は質問などの形で自らの意思をしばしば表明し、内閣はその意を受けて行動しており、また、ある場合には天皇は人事や政策にも介入するとともに、不裁可の例はないものの、自分の意思に沿わない輔弼を内閣が行った場合には裁可をいつまでも行わず、その場合には天皇の意をくんで内閣は輔弼事項を取下げたりしているのである。したがって、内閣の輔弼の及ばない「統帥《とうすい》事項」はもとより、政務事項についても、天皇はかなり大きな政治的役割を果たしている。）したがって、旧憲法時代の天皇を理解するためには、憲法規範よりも具体的運用を見なければならない。

それに対して、先にも指摘したように、現在の憲法は、主権者たる国民がその意思で憲法を作成し、国家ないし政府を形成し、具体的な政府構造を定め、憲法が定めた権能をそれに信託したという、社会契約説的思考を前提として作られているので、国民が信託した以上の権限を天皇は持つことができない。また、天皇は憲法を超越した憲法以前の存在ではないので、国家の最高法規としての憲法に違反する存在であることは許されない。したがって、それがいかに歴史的存在としての天皇にとって本質的・不可欠の行為・権能であるとしても、それが憲法に違反する場合には、それを天皇は行うことはできないし、またその存在様式も憲法に矛盾するものであってはならない。

こうした制度としての天皇は、主権者である国民のために奉仕する国家機関であるから、憲法学者のなかには異論もあるが、内閣総理大臣等と同様に、公務員として把握することができる。すなわち、内閣総理大臣という公務機関があり、それに竹下や海部など特定の人間が就任しているように、天皇という名称の公務機関があり、それに特定の人間が就任していると考えなければならない。そして、首相の権限と個人の権利が区別されるように、天皇の権能と天皇就任者の自由や権利・義務とは区別される。しかし、これまで天皇に就任している者も、通常は天皇とのみ呼び、天皇としてしか意識していないので、首相の場合と異なり、理論的にも実際的にも混同・混乱が生まれている。

る。このことは、公の天皇と天皇に就任している私の「天皇」とが区別されることを意味している。旧憲法下では、「天皇に私なし」とされ、天皇は常に公的存在とされていたが、現憲法下では、公的生活と私的生活とは原理的にも区別されて考えられなければならない。実際、後にも述べるように、天皇の公的生活には宮廷費が支出され、私的生活には内廷費が支出されているのは、この区別に基づくものである。そこで当然のことながら、憲法の規定する天皇は公的天皇であり、私的天皇については、天皇の人権に関わる部分はともかく、憲法の与り知らぬところである。ただし、首相の私的生活がその公的首相たる立場によって一定の制限を受けるように、公的天皇に関わる限りにおいて、私的天皇の生活が、国民一般とは異なる制約の下に置かれることはありうる(養子の禁止など)。

### 皇室典範等と憲法

敗戦前においては、皇位継承の順位などを定めた「皇室典範」という名称の法規範があったが、これは皇室事務について定めた法の体系である宮務法体系の頂点にある法規範として、政治に関わる法の体系である政務法体系の頂点にある大日本帝国憲法とならぶ、国家の最高法規範であった。当時は、皇室自律主義として、臣民は皇室の事項には関与が許されなかったが、この主義の下で皇室典範にも臣民は関与すべきではないとされ、天皇がこれを勅定し、帝国議会もその改正に関与することはできなかった。この皇室典範の内容も、皇祖皇宗の「遺訓」を前提としており、これまでの慣行を確認し、明示化したものと位置づけられていた。そしてこの下に、登極《とうきょく》令・立儲《りっちょ》令・皇室親族令・皇室喪儀令など、多くの皇室令が制定されていた。

現憲法の下でも、同名の「皇室典範」という法規範が存在している。しかし、一九四七年五月三日、現憲法施行と同日に施行されたこの法規範は、憲法二条が「国会の議決した皇室典範」と規定しているように、国民の代表たる国会が制定する法規範、すなわち「法律」である。法律である以上、現在の皇室典範は憲法の下位法である。したがって、皇室典範の内容は憲法に合致するものでなければならず、憲法に違反する場合には、それは無効である。このように法的性質のまったく異なるものを同じく「皇室典範」と呼ぶことは誤解と混乱を生むもとである。それゆえ、本来は、「皇位継承法」とか「皇室法」とか、別の名前を付けるべきであった。しかし、憲法自体が、その名称を「皇室典範」と指定しているため、従来と同じ名称になっているのである。そうであるから、皇室典範を理解するに際しては、特に戦前のそれと性格の異なることに注意しなければならない。いまでは、皇室典範にいかに規定されていようと、憲法と矛盾する限り無効であるから、皇室典範を根拠として憲法を解釈することは許されない。

同様に、皇室経済について定めた「皇室経済法」も法律である。したがって、そこにどのような規定があろうとも、憲法に矛盾する限り無効であり、この場合にも、皇室経済法の規定によって憲法を解釈してはならない。たとえば、その七条は、「皇位とともに伝わるべき由緒ある物は、皇位とともに、皇嗣が、これを受ける。」と規定しているが、仮に「三種の神器《じんぎ》」がここに言う「由緒ある物」に含まれるとしても、神器継承儀式が政教分離原則に違反するなら、この規定を根拠にそうした儀式を行うことは許されず、またそうした儀式を定めたものとしてこの規定が解釈されるなら、この規定自体が違憲である。

一般に、下位法の規定を根拠に、上位法である憲法を解釈したり、憲法が禁止しているものが許されるかのような議論があるが、それは誤りであることに重ねて注意したい。

## 3　象徴天皇制の制度的内容

### 象徴であること

天皇は、「日本国の象徴であり日本国民統合の象徴」である（憲法一条）。「象徴」ということの意味はいささか分かりにくい。通常は、目に見える具体的な「ハト」が抽象的な「平和」を象徴する存在とされている例をあげて、抽象的・観念的なものを連想させる具体的な物などと説明されている。すなわち、具体的な人間である天皇は、「日本国」「日本国民統合」といった抽象的なものを連想させるというわけである。しかし、これは社会的事実を記述したものではなく、法規範であるから、ハトや旗ではなく、天皇を日本国・日本国民統合を連想させる具体的なものとして設定するという意味である。

法的にはそれだけの意味で、ここで象徴についての哲学的概念や文化人類学的概念を展開する必要はないし、また、すべきではない。ところが、論者によっては、「象徴」概念がいろいろな展開を許す概念であることを手掛かりとして、「建国以来存する歴史的、社会的、倫理的な天皇と人民との関係」を規定したものとしてみたり、「道徳的中心」だとしてみたり（天野貞祐）、「国民の憧れの中心」（制憲議会での金森国務大臣）だとしたりしている。しかし、ある論者などは逆に、これは「天皇の呼び名」であるとか、「交通信号のような記号」であるなどとすらしているのであって、ここでは特に右に述べた意味以上を見つける必要はない（自分の理想とする天皇像を勝手に読み込むのがオチである）。

この規定は天皇と呼ばれる公職の「地位」を定めた組織規範であり、それ以上の特別の法的意味はないとすると、この規定を、国民に対してなんらかの義務を課すものだとすることはできない。天皇を尊重擁護する義務がここから出てくるとか、天皇に対する不敬罪を根拠づけるとか、天皇を敬愛する義務が生まれるなどと読んではいけない。これとの関連で、象徴侮辱罪を設けても違憲ではないとする論があるが、人間天皇を象徴としている場合に、その人間を特別扱いし、その人間を批判することが制限される可能性のあるこのような罪の設定は、国民主権原則や表現の自由に違反し、違憲と言わねばならない。

なお、天皇が象徴であることに関して、天皇は一日二四時間、常に象徴であるのか、それとも、後述する国事行為を行うときのみ象徴であると見るべきであるかについて、学者の意見は分かれている。憲法は公的天皇について規定したものだとの観点からすれば、後者の方が妥当であるように考えられるが、前者の意見が有力である。

つぎに、「国民統合の象徴」というのは、国民を「統合する」象徴ということではない。「国民が統合していること」を象徴するのである。したがって、ある論者は、こうした天皇存在を鏡になぞらえて、天皇は鏡のように、国民が強固に統合していれば強固に統合した形を、バラバラであればバラバラなままで、そのまま映す存在だと論じているが、法的にはそのように消極的で受け身の存在としてとらえられる。これを逆に積極的に「統合する」ものとしてとらえ、「天皇によって国民の精神的な一体性が確保される」とか、「天皇はいわば扇の要のようなもので、なければ日本国民はバラバラになる」とか、「天皇の精神的・倫理的・歴史的な尊厳性・公共性・純粋性によって国民的・民族的意識を統合し且つそれを表現するもの」とかと理解して、天皇が存在しなければ国民の統合もなく、したがって、日本国民にとって天皇は不可欠の存在である(江藤淳によれば、「天皇陛下と皇室がなくなると、国民の荒廃が全部表に噴出して、日本は滅びる」のである)というように、天皇を宿命的な存在としてとらえるべきではない。

もっとも、社会的存在としての天皇が統合作用を持つことは否定できないし、それがまた天皇の権威化との関連で重視されていることも事実であるが、規範的には、積極的に統合することは期待されていないことを確認しておきたい。

### 皇位の継承

皇位は世襲である(憲法二条)。したがって、現在天皇の地位にある者の子孫が受け継いでいくのであって、選挙や籤引《くじびき》で選ぶことはできない。もっとも、子孫のなかで誰を次の天皇にするかについて、候補者のなかから国民が選ぶ方式を採用したとしても、世襲ということとは矛盾しないであろう。現憲法は、旧憲法と異なり、皇位継承権者を皇男子孫に限っていないので、子孫であれば男女は問わない。

具体的には、すべて皇室典範に任されている。しかし、皇室典範は冒頭の一条で、継承権者を男系の男子に限り、女性の天皇を認めなかった。その理由としては、古来の伝統(女帝は例外)とか、女性天皇の配偶者の処遇の困難性とか、男性に劣る女性の公事担当能力などがあげられているが、いずれも憲法一四条の男女平等原則の例外となるような合理的理由ではなく、女性天皇の否定は違憲の疑いが濃い。

皇位継承順位は直系主義をとっており、皇長子・皇長孫・その他の皇長子の子孫・皇次子およびその子孫・その他の皇子孫・皇兄弟およびその子孫・皇伯叔父およびその子孫の順で、これらの皇族がないときにそれ以上で最近親の系統(傍系)の皇族が継承することになっている。これらの場合、長系主義をとっており、同等の場合には長が優先する。現在の皇位継承資格者は、順に、皇太子徳仁《なるひと》・秋篠宮・常陸宮・三笠宮崇仁《たかひと》・三笠宮寛仁《ともひと》・桂宮・高円宮《たかまどのみや》の七人しかいない。旧皇室典範は非嫡出子にも継承権を認めたが、現在は嫡出子に限っている。また、天皇・皇族には養子は認められない。

天皇になるべき順位の者(皇嗣)に、精神もしくは身体の不治の重患があったり、著しい非行など重大な事故があるときには、内閣総理大臣や最高裁判所長官などによって構成される皇室会議の議によって、右の順番で順序が変えられる。

皇位が継承されるのは、天皇が死去したときだけで、皇室典範は生前退位を認めていない。天皇が老齢化したときや、国民が天皇の政治的責任や道徳的責任を問う道を開くためにも、退位制を認めた方がよいとする意見も強いが、それには皇室典範の改正が必要である。

**天皇の権能**

統治権の総攬者であり、三権すべての長であった旧天皇とは異なり、現憲法は天皇の権能を「この憲法の定める国事に関する行為のみ」に限定し、「国政に関する権能」を認めていない（憲法四条一項）。もちろん、ここで限定している行為は天皇の公的行為であって、天皇が行う純然たる私的行為は自由である。この「国事に関する行為」（これを国事行為という）は、「国政に関する権能」と区別されているので、政治に関係しない形式的・儀礼的行為でなければならない。

「国民のために」天皇が行う具体的な国事行為は、憲法六条と七条に一二の行為が限定列挙されているが、これに加えて、国事行為の委任行為（四条二項）も一種の国事行為とすべきであろう。一二の国事行為は、内閣総理大臣の任命、最高裁判所長官の任命、憲法改正・法律・政令・条約の公布、国会の召集、衆議院の解散、総選挙施行の公示、国務大臣等官吏の任免と全権委任状・大使および公使の信任状の認証(行為が存在すること、あるいは行為が正当な手続でなされたことを公に証明すること)、大赦等の恩赦の認証、栄典の授与、批准書・外交文書の認証、外国大使・公使の接受(もてなす行為)、儀式を行うことである。最後に言う儀式とは、天皇が主催して行う国家的儀式を意味しており、国会開会式のように国会が主催して行う儀式に天皇が出席して「おことば」を読むことなどは、ここに言う儀式には入らないとされている。このなかには、「衆議院の解散」のように、一見すると政治的権能のように見えるものも含まれているが、天皇はそうした権能は持っていないと包括的に四条一項で規定されているので、これらも他の機関が実質的に決定したことに対して、天皇が形式的・儀礼的に体裁を加えるものでしかない。憲法は、天皇の政治的完全無能力を定めているのである。なお、天皇が象徴であることを理由に、天皇の政治的無能力を説く者が多いが、象徴であることと政治的権能を持つこととは、アメリカ合衆国の象徴として理解されているアメリカ大統領が強力な政治的権限を持っていることから分かるように、必ずしも矛盾するものではないから、天皇のこの性格を象徴たる地位から導き出すことは妥当でない。

天皇は、このような形式的・儀礼的国事行為を行うについても、すべて内閣の助言と承認が必要であり(憲法三条・七条)、単独に行うことはできないし、天皇が積極的にイニシアティヴを発揮することも許されない。もっとも、これは内閣が天皇の行為を統制することに意味があるので、「助言と承認」は二つとも必要でなく、一つの閣議でいいと一般的には理解されている。国事行為については、助言と承認を行う内閣が、助言と承認を行ったことについて責任を負うことになっており(三条)、天皇は国事行為を行ったことについては責任を負わない。万が一、天皇が助言と承認のない行為を行った場合には、天皇の責任問題が生じるであろう。

天皇の政治的無能力性は、天皇に与えられた権能の当初より生まれるもので、形式的にせよ天皇は政治的権能を持っているのではないのであるから、形式的には国王が政治的権限を持っているが、実質的には助言をなす内閣が決定を行う結果、国王の具体的行為が実際には形式的なものになるという「大臣助言制」とは根本的に異なる。したがって、後者の国王の状態を指して、「君臨すれども統治せず」という言葉を使うとしたら、天皇は「君臨もしなければ統治もしない」存在である。そうであるなら、天皇制度を安易にイギリス君主制になぞらえ、それをモデルにしようとするのは疑問である。

天皇は、憲法の定める国事行為「のみ」を行うと規定されているので、公的には右に列挙した国事行為しか行うことができないはずである。しかし、現実には、天皇が象徴であることや、公的存在であることを理由として、国事行為でも私的行為でもない「公的行為」を天皇は大量に行っている。外国元首との親書・親電の交換、訪欧・訪米など外国公式訪問、国会開会式への出席、国民体育大会・植樹祭・オリンピック・全国戦没者追悼式など各種大会への出席、園遊会の開催、正月の一般参賀、地方巡幸、拝謁・内奏などがその例であり、これらには公費たる宮廷費が支出され、公務員が随行しているが、そのような行為の法的評価については後に述べることにして、ここではその存在を指摘だけしておくことにしよう。

天皇は国事行為を委任することができるが（憲法四条二項）、「国事行為の臨時代行に関する法律」が一九六四年五月二〇日制定・施行された。この法では、天皇に精神や身体の疾患または事故があるときに、委任がなされることを認めた。摂政を置くにいたらない程度の疾患または事故が、委任が行われる場合であろう。実際には、昭和天皇の訪欧・訪米の際や、天皇が手術したとき、および重体になったときに、当時の皇太子に委任が行われている。なお、天皇に右にふれた第三の行為としての「公的行為」を認めた場合に、その委任ができるかどうか、一九八七年秋に国会開会式での「おことば」をめぐって問題になったが、実際には、一九五三年にイギリス女王の戴冠式に「ご名代《みょうだい》」として皇太子が出席した例や、八七年の沖縄秋季国体の開会式で皇太子が「ご名代」として「おことば」を読んだ例から分かるように、当然のように

「公的行為」の委任が行われている。

天皇が未成年のとき(一八歳未満)や、精神・身体に重大な疾患があったり、重大な事故があって、自ら国事行為を行うことができないと皇室会議が認めたときには、摂政が置かれ、摂政は天皇の名で国事行為を行う(憲法五条・皇室典範三章)。摂政になる資格は、成年に達した皇族であって、女性にも就任資格が認められているが、これらを含めて詳細は皇室典範が定めている。

**天皇の地位の根拠**

旧天皇の存在根拠は、天照大神《あまてらすおおみかみ》の天孫降臨の神勅にあった。現天皇の地位は、「主権の存する日本国民の総意」に基づいている(憲法一条)。「国民の総意」は、憲法制定時には、制憲者の意思として存在し、象徴天皇制を認めた。現在の世論調査によれば、象徴天皇制は圧倒的支持を受けており、天皇制度の廃止を主張するものは一割にも満たないが、将来、国民の総意が変わった場合には、天皇制度を廃止することも可能である。その国民の総意は、具体的には、憲法改正意思として示されることになり、憲法改正手続をとおして、国民主権原則という憲法の根本原理と矛盾しない限りにおいて、天皇の地位や権能を変更することができる。

しかし、「国民の総意」を神秘化して、国民の手に届かないところに置こうとする動きがないわけではない。すなわち、ある論者は、これはルソーのいう「ヴォロンテ・ジェネラール(普遍意思)」と同様のものであって、「常に正しい意思」であるとか、「常に公共の福祉を表現しようとする意思」であるとかと説明する。この結果、天皇の地位についてときどきの国民は安易に云々すべきものではないこととされ、「常に正しい意思」が象徴天皇制を選んだ以上、天皇制度の廃止などはおよそ問題にもならないとされる。

けれども、この言葉を、そのように複雑かつ神秘的に考える必要はまったくないし、考えるべきでもない。単純に、「国民の大方の意思」と考えればいいのである。逆に、「国民の総意」とは、「国民すべて」という意味でもない。憲法制定時にも、天皇廃止論が存在したことから分かるように、国民の一部に象徴天皇制に反対する者が存在するとしても、それが憲法改正意思として現れない限り、国民の総意は象徴天皇制を選択しているのである。

また、この「国民の総意」は、個々の天皇を認めるかどうかについての意思ではない。憲法に規定された天皇を認める総意であって、特定の天皇を特に承認する総意ではない。天皇の代替わりに際して、この規定を根拠に、新天皇は国民の信任投票を受けるべきだとする意見が聞かれたが、この規定をそのようなことまで要求していると読むことは困難である。

さて、天皇が主権者国民の被造物であるとするならば、両者の上下関係はおのずから明らかである。主権者が国民であること、被造物がそれを作った者よりも上位にあるとするのは背理であること、天皇も一種の公務員として国民全体の奉仕者であること、などを考えると、天皇が国民よりも上位にあるとは考え難い。これに加えて、「承認」という言葉は、通常は上位の者が下の者に対して行う行為であるとして、天皇は内閣よりも下位にあるとした制憲時のGHQの対応を考えると、論理的には、次のような序列が認められる。すなわち、主権者国民が最上位にあり、次いで国権の最高機関たる国会があり、それに基礎を置く内閣があり、その助言と「承認」によって国事行為を行う天皇があるとするのが(国民⇩国会⇩内閣⇩天皇)、少なくとも憲法の論理にもっとも適合的であるように思われる。ともあれ、天皇が国民よりも上位にあろうはずはないから、「天皇を日本国の象徴として上にいただいている」などとしたり、「われわれは天皇を象徴としていただいているのであるから、その天皇の代をことほぐのは当然だ」などとする見解は、天皇の憲法上の位置について誤解していると言わなければならない。

**天皇は元首か**

だれが日本の元首であるか、しばしば議論されている。しかし、これは基本的には定義の問題であるし、そもそも国家有機体説に起源を持つこのような概念は不要であって、これを用いるべきではないとする論も、近年強まっている。

しかし、政府は対外的には、天皇を元首として扱ってきた。その詳細は後にふれるが、ここで一つの例をあげておくと、裕仁天皇が重体のとき、天皇の戦争責任を問題としたイギリスの大衆紙に抗議した千葉駐英大使は、そのなかで天皇につき元首を明らかに意味するものとして「サブリン（sovereign）」なる言葉を使用している（サブリンを元首の意味で使うこと自体、大いに疑問である）。

日本には、元首とは、きわめて大きな権力を持ち、神格性を持った存在であるとのイメージが流布している。たしかに、元首であった旧天皇はそのような存在であった。そのため、「天皇の元首化反対！」といった言葉は、現在でもしばしば使用されている。しかし、今日における元首の一般的な定義は、そのような強力な存在を意味するものではない。すなわち、元首の定義について学説はいろいろに分かれており、かつては国家において最高の地位にあるものを元首とする説や、統治権の総攬者を元首とする説が存在していた。けれども、現在では、各国で元首と呼ばれている存在は、右の定義にあてはまらないことが多くなった。そのため、現在では、内において行政の長であり、外において国を代表する者（条約締結権などを持つ者）を指して元首とするのが通常の説となった。そして、より緩和した定義は、後者のみを要件としている。

ところが、いずれの説を採用するとしても、現在の天皇は行政の長でもなければ、国を代表するものでもないから、元首ではない。そしてこのいずれの定義をも満たすのは、憲法上は内閣である。複数の元首を避けるとするなら、日本国の元首は内閣総理大臣であると言わなければならない。そこで、これまでの学説の多くは、内閣ないし内閣総理大臣を元首としてきた。たしかに、政府の主張するように、天皇は大使・公使を接受したり、全権委任状などを認証するから、国を代表する側面がないわけではない。しかし、よりはっきりと定義に合致するものがあるときに、あえてそれを否定して、なぜ天皇を無理に元首としなければならないのであろうか。これは、天皇を元首とすることで、日本国民の意識の中にかつての元首＝天皇像の再生を図ろうとするものであるとしか考えられない。

これとの関連で、天皇を「君主」と呼ぶことができるであろうか。君主に関する学者の定義もかなりさまざまであるが、一般的には、①世襲であること、②統治権を名目的にせよ持つこと、③対外的に国を代表すること、が君主の要素とされてきた。この定義からすれば、天皇は、①の要件を満たすだけで、右に述べたように③の要素も希薄であるので、君主とは言えない。

しかし、だからといって世襲の象徴天皇を持つ日本国を完全な共和制とは言い難いので、「世襲の象徴天皇を持つ共和制」などとしてとらえるしかなかろう。

### 天皇・皇族の待遇

ある人は、天皇は憲法のいう「国民」には含まれないから、天皇(および皇族)に憲法の保障する人権はないと言う。また、ある人は、世襲による天皇(および皇族)は憲法の平等原則の例外であるから、天皇問題は包括的に人権と関係ないものとして考えればよいと論じる。しかし、人権が人間である以上当然に保障される権利として理解されている限り、そして、天皇や皇族も人間である以上、この人たちにも人権は保障されるとしなければならない。ただし、憲法は天皇を世襲のものとしているので、その点から生まれる制約があることは認めなければならない。しかし、そのことから、世襲制と実質的に関係しない部分についても、異なる取扱いを認めるべきではなく、例外的取扱いは最小限度のものとすべきであろう。逆に、合理性のない特別の権利付与や取扱いも認められない。また、この問題を考えるときには、象徴である天皇と、その候補である皇族と、皇位継承となんら関係のない皇族とを区別し、それぞれについて考えた方がよいだろう。

ところで、皇室典範は、天皇や皇族について、国民と異なる取扱いを認めている。しかし、その多くは不必要ないし広汎に過ぎる制限・特権付与のように思われる。たとえば、天皇や皇族男子が結婚する場合には、皇室会議の議を経なければならないことになっているが、世襲天皇制であることから一見合理的に見えるこの制約も、そのような手続を経る必要があるとしてあげられる理由を真面目に検討してみると、ほとんどが差別的理由で、合理的理由を見つけることが困難である。また、天皇・皇族は養子ができないが、皇位継承に関わる者が発生するような養子は禁止するとしても、一般的にあらゆる皇族につき、あらゆる形態の養子を禁止する理由はないように思われる。天皇・皇族が敬称を受ける権利、戸籍に替わる皇統譜《こうとうふ》、特別の墓としての陵墓《りょうぼ》なども、国民主権原則・平等原則と矛盾する疑いがある。天皇・皇太子・皇太孫の成年が一八歳であるのは、摂政設置を可能な限り避ける工夫であろうが、その必要があるのか。即位の礼や大喪の礼は、国家的に行うべき儀式であるのか。こうした点についても、議論の余地があろう。

これとは別に、天皇・皇族には選挙権が現在は認められていない。しかし、これが憲法上の要請であるかどうか極めて疑わしい。天皇が象徴であり、政治的権能を持たないことから、選挙権の否定を導き出す見解は、象徴であることと政治的無能力性とは直接関係がないこと、公的天皇の政治的無能力性と私的天皇の権利は区別されなければならないこと、などから説得力に欠ける。むしろ、主権者国民のなかに天皇は入らないから、主権者の権利としての選挙権は天皇にないとする見解の方がすっきりしている。そして、いずれにせよ、皇族一般の選挙権を否定するには不十分である。ともあれ、たまたま現在は公職選挙法の附則が、戸籍法の適用を受けない者（これは在日韓国・朝鮮人などを本来含意している）の選挙権・被選挙権を当分の間停止しているが、これを天皇・皇族等の選挙権の不在の論拠とすることはできず、むしろこれは違憲の疑いがある規定である。

これとの関連で、天皇は私的にも政治的発言を行うことができないとする見解が有力であるが、公的天皇と私的天皇を峻別する立場からは、この見解も根拠はない。

天皇や皇族が特別の存在ではなく、例外は最小限度であるべきだとすると、たとえば、一九八九年に問題になった、相続税についても結論は明白である。税務上の例外を認めるべき理由はないから、国民と同様に相続税を徴収したのは妥当であった。

また、憲法は天皇について、国事行為に関するものを除いて、免責規定をもっていないし、天皇について免責を認めるべき合理的理由はないから、天皇（もとより皇族も）は、刑事的責任・民事的責任を負う。ただし、刑事訴追等が天皇に対して行われると、天皇の国事行為の円滑な遂行の障害になるので、皇室典範が摂政につき、その在任中の訴追禁止を定めているように、天皇にも在任中の訴追禁止は認められよう(現行法では退位はないので、実質的には刑事訴追は不可能である)。民事的責任が天皇にあるとしても、民事裁判権は及ばないのではないかとの見解もあり、その趣旨の最高裁判例(後述)もあるが、原則として例外はないとすべきであろう。

**皇室経済**

敗戦前、大地主であった皇室の資産は、一九四五年九月一日現在で、総額約一六億円以上にのぼっていた。当時の円の価値を考えれば、これは莫大な資産と言わなければならない。しかし、この資産は同年一一月、GHQの覚え書によって凍結され、四七年三月の財産税徴収と、新憲法施行による国有財産への帰属によって、純然たる皇室の私有財産とされたものを除いて、旧皇室財産は解体された。また、旧憲法下では、皇室財産は、政府・帝国議会が関与できないものとされ、皇室財政自律主義がとられるとともに、これに加えて皇室経費として四五〇万円が、毎年、国費より支出されていたが、新憲法の施行とともに、この制度も根本的に変更され、民主化された。

日本国憲法では、皇室が再び莫大な私有財産を所有する存在になることを防ぐ工夫がなされるとともに、皇室費用を予算として国会の議決の下に置き、また、皇室と特定の社会的勢力が財産を媒介として特別の関係を結ぶことにならないようにも配慮している。

かつての皇室財産は、生活必需品や純然たる私的財産を除いて(もっとも、これ自体かなりのものである。三種の神器・宮中三殿も含まれる)、公的性格を持っていたものはすべて国有化された(憲法八八条)。この結果、かつての御料は完全に国有化され、皇居・離宮・御所・御用邸なども国有化された上で、皇室が使用する皇室用財産として、宮内庁の管理下に置かれることになった。

天皇・皇族が公的・私的生活を営むための費用は、予算に計上して国会の議決を受けることとされ(八八条)、皇室財政は基本的に国会の統制を受けることになったが、憲法施行と同時に施行された「皇室経済法」は、これを三種に区分し、天皇・皇太子など内廷にある皇族が日常費用にあてる、いわば私的生活費である内廷費(御手元金《おてもときん》)、それ以外の宮廷諸費にあてられ宮内庁が経理する公的性格の宮廷費、皇族の品位保持のため、および初めて独立生計を営む際や皇族離脱の際に皇族に支出される皇族費(計算方法も規定)とした。すなわち、天皇の公的な行為には宮廷費が、私的行為には内廷費が支出されるのであり、逆にどの種の支出がなされているかで天皇の行為の性質も決まることになる。しかし、実際の運用においては、宮廷費と内廷費の区分は曖昧になっており、現皇太子の授業料やバイオリン稽古のための費用も、将来天皇になるためのいわば必要経費として、宮廷費から支出されている。内廷費の額は、一九九〇年度から二億九〇〇〇万円(前年度までは二億五七〇〇万円)となったが、この額を多いとみるか、少ないとみるか、論者によって異なるところであり、一部では増額を求める動きが起こっている(皇族費の定額は二七一〇万円)。内廷費がどのように使われているか、明らかにはされていない(七四年二月の衆院内閣委員会における報告では、人件費三三%、物件費六七%で、後者では、衣類・身のまわり品に一八%、食費一三%、交際費・災害見舞金一〇%、教養・研究費七%、医療費その他一二%程度である)。

皇室への財産譲り渡しや、皇室が財産を譲り受けたり、賜与することは国会の議決に基づかなければならないとして(憲法八条)、皇室への財産の出入りは厳しく統制されている。ただし、皇室経済法は、特定行為につき国会が包括的に議決し、そのたびごとの議決を不要とすることを認めている。このため、相当の対価による売買等通常の私的経済行為に係わる場合、外国交際のための儀礼上の贈答に係わる場合、公共のためになす遺贈または遺産の贈与に係わる場合、そして皇室経済法施行法が定める年間一定額に達するまでの場合は、例外として、そのたびごとの議決は必要ない。煩瑣を避けるため、この程度の例外は認められるであろうが、やや要件に漠然とした部分がある。

なお、「皇位とともに伝わるべき由緒ある物」は、皇位とともに皇嗣がこれを受けると皇室経済法は定めている。これには、三種の神器・壺切りの剣・宮中三殿・正倉院御物《ぎょぶつ》などが含まれているとされ、実際に今回の代替わりにおいてはそのように処理されたが（約六〇〇件。相続税は非課税とされている）、この規定は、由緒ある物が相続によって散逸しないための、財産上の処置に関する規定として読まれるべきことは、先述した。

## 4　国事行為の限界

### 政治的行為の禁止

形式的な国事行為自体が持っている高度の政治的機能は別として、天皇は政治的性格を持った行為を公的には行ってはならない。このことは、いまさら指摘するまでもないほどはっきりしている。しかし、内閣が責任を持つことになっている国会開会式などでの「おことば」の内容は別としても、昭和天皇は、現憲法の下においても、かなり積極的な政治的働きをしていたようである。事柄の性質上、確認を行えない部分があるが、これまで明らかになったいくつかの例を示しておこう。

天皇の政治的活動として一番有名な例は、沖縄問題に関する天皇の要請である。これは一九四七年九月二二日付の「対日占領軍総司令部政治顧問シーボルトから国務長官マーシャルあての書簡」、およびそれに添付された二〇日付総司令部外交部作成の「マッカーサー元帥のための覚書」で明らかにされているが、天皇は、「米国が沖縄その他の琉球諸島の軍事占領を継続するよう」希望し、「米国の軍事占領は、日本に主権を残したままでの長期租借――二十五年ないし五十年あるいはそれ以上――の擬制にもとづくべきである」との考えを、アメリカに伝えている。これは現憲法下でのきわめて露骨な政治行為であり、天皇の憲法上の権能を明らかに逸脱しているが、この天皇の行為が実在したことは、この件に関する、「アメリカが占領して守ってくれなければ、沖縄のみならず日本全土もどうなったかもしれぬ」という天皇発言によって補強されている(『入江相政日記』七九年四月一九日付、また、五月七日付に同旨の発言がある)。

また、天皇は、内閣総理大臣等が所管事項について天皇に説明を行う「公的行為」と位置づけられている「内奏」において、かなり積極的な政治的発言を行っている。後述の一九七三年、増原防衛庁長官激励の件もその一例だが、天皇は現憲法の下でも頻繁に内奏を行うよう求めるとともに、たとえば、芦田首相に対しては「日本としては結局アメリカと同調すべきでソ聯との協力は六ヶ敷《むつかし》いと考へる」とか(『芦田均日記』四七年七月二二日)、「共産党に対しては何とか手を打つことが必要と思ふ」とかの発言を行い(同書四八年三月一〇日)、宮内庁改革案に対しては苦情を述べたりしており(同書四八年五月二九日)、また五〇年代になっても、重光葵外務大臣に対して、時局を心配し将来の国運を憂慮する発言を行ったり(『続重光葵手記』五五年五月二三日)、「日米協力反共の必要、駐屯軍の撤退は不可なり」との趣旨の発言を行ったりしている(同書五五年八月二〇日)。「公的行為」におけるこのような政治的発言は、憲法を逸脱している。

これに対し、一九六九年九月八日の記者会見における、沖縄返還問題に関しての、「復帰が実現するため政府が努力しているので、それを信頼し、協力してほしい」との発言は、沖縄闘争のさなかの発言で、明らかに政治的発言であるが、私的天皇には政治的発言の自由があるとする立場にたてば、問題はないことになろう。

### 宗教的活動の禁止

憲法は二〇条と八九条で、世界的にももっとも厳格な政教分離原則を定めている。この原則は、超歴史的なものではなく、国家神道が存在し、天皇が神格性をもって統治していた、敗戦前の日本の状況の反省から生まれたものであるから、ここで「政」と考えられているものは何よりも天皇であり、「教」として考えられているものは神道である。したがって、政教分離原則の主たる目標は、天皇と神道が再び公的に結合することを防ぐところにあるから、天皇が宗教的活動を行うことは、特に厳格に禁止されなければならない。

ところで、「国及びその機関は、……いかなる宗教的活動もしてはならない」(二〇条三項)というとき、国は一切の宗教と関わる行為を行うことができないと読むことができ、実際、多くの学説はそのように解釈している。しかし、最高裁判所は、「津地鎮祭判決」(最高裁大法廷判決一九七七年七月一一日民集三一巻四号五三三頁)で、この原則をやや緩和し、いわゆる「目的・効果基準」を採用したが、この基準は最近の「殉職自衛官合祀《ごうし》事件判決」(最高裁大法廷判決一九八八年六月一日民集四二巻五号二七七頁)でも踏襲されているので、さしあたりは、この基準でいろいろな問題が判断されるように思われる。

この「目的・効果基準」によれば、政教分離原則は、「国家が宗教とのかかわり合いをもつことを全く許さないとするものではなく、宗教とのかかわり合いをもたらす行為の目的及び効果にかんがみ、そのかかわり合いが右の諸条件〔国の社会的・文化的諸条件〕に照らし相当とされる限度を超えるものと認められる場合にこれを許さないものである」とされる。そして、国に許されない宗教的活動とは、「当該行為の目的が宗教的意義をもち、その効果が宗教に対する援助、助長、促進又は圧迫、干渉等になるような行為」であるとする。しかも、その判断にあたっては、「当該行為の外形的側面のみにとらわれることなく、……諸般の事情を考慮し、社会通念に従って、客観的に判断しなければならない」とされた。

これはかなり政教分離原則を緩和するもので、特に最後の判断方法にいたっては、人権保障の何であるかを理解していないものと言わざるをえないが、それにしても、ここで少なくとも「目的・効果」の限界が定められたことに注意しておきたい。この基準は、目的「または」効果が右の要件を満たした場合には、国に禁じられた宗教的活動として違憲とされるとする基準として理解されなければならないが、後に述べる皇室祭祀が高度の宗教性を持っていることは神道関係者も認めているところであるから、天皇の皇祖神等に対する祭祀は、目的において高度の宗教的意義を持っているとしなければならない。また、過去の天皇と神道との結合を背景とすれば、天皇と神道との結合は、天皇の神格化を容易に生むことになり、それは神道を特別視する結果(援助・助長・促進)になるとともに、天皇制の下で弾圧された経験をもつ諸宗教にとっては一種の圧力(圧迫・干渉)として働くことになるであろう。したがって、「目的・効果基準」も、皇室祭祀の公的な挙行の違憲性をなんら緩和するものとはならないはずである。

# 二　象徴天皇制の歴史

## 1　概観

一九四七年に始まった象徴天皇制も、すでに四〇年以上の歴史を持っている。この間、それは同様の顔つきを示しておらず、かなりの変貌を遂げている。しかし、現在存在するそれは、憲法が規定している天皇像よりもはるかに権威的容貌を呈しているように見える。もっとも、象徴天皇制が成立して以後、一貫してそれは権威強化されたのではなく、ある程度の曲折を経ているように思われる。ここでは、日本国憲法制定前後から今日までを、その変貌の特質に応じて、四段階に区分して、それぞれの時代の概略を示してみよう。

もとより時期区分は、何を基準としてとるかによってかなり異なってくる。たとえば、日本が戦後一貫してアメリカに従属しているとする立場からは、天皇がどのようにアメリカによって利用されているかということを手掛かりに区分されることになるし、日本の支配層の統治政策を基準として区分することもできる。しかし、ここでは、象徴天皇制の歴史の内在的理解に基づき、天皇の権威がどのように強化されてきたかという点に注目して区分してみたい。

その観点から、さしあたり区分される四段階の第一期は、ポツダム宣言受諾(一九四五年八月一四日)にはじまり日本国憲法の成立(四七年五月三日)にいたる時期である。この時期は、これまでの天皇制度が根本的に動揺し、天皇制度は風前の灯の状態に陥りながら、占領軍の意図によってかろうじて象徴天皇制として天皇制度が存在することになった時期である。したがって、この時期は、「天皇制の動揺と象徴天皇制の成立期」と呼ぶことができよう。

第二の時期は、憲法施行からサンフランシスコ講和条約の発効(五二年四月二八日)にいたる時期である。この時期には、従来のコワモテの天皇像に替わって、象徴天皇像が国民の意識の中に徐々に定着する。したがって、「象徴天皇制の定着期」と呼ぶことができる。

第三の時期は、独立回復後から六〇年安保闘争にいたる時期である。ここでは、一方において旧天皇制への復古の動きが見られながら、それが挫折し、逆に皇太子を中心として、象徴天皇制の開放的・民衆的な側面が全面的に展開し始める。これを「象徴天皇制の開花期」と呼ぶことができよう。

第四の時期は、日本の資本主義が国際化するにともなって、国民統合の必要から、天皇を中心として権威的天皇像の再生が図られようとする時期である。六〇年安保闘争後、経済が高度成長を遂げる時期に始動し、昭和天皇の死去にいたるまでの時期であるが、特に七〇年代になってこの傾向は強くなった。「象徴天皇制の再編期」と呼んでおこう。

## 2　天皇制の動揺と象徴天皇制の成立期

ポツダム宣言の受諾・降伏文書の調印によって、日本政府の「国体」は維持されたとの希望的観測にも拘わらず、天皇制は、内外からの攻撃を受けて大きく動揺した。国外からは、ソ連はもとより、中国やオーストラリアからも天皇制の廃止の声が聞かれたが、特に裕仁天皇の戦争責任を追及すべきであるとの声はいたるところに聞かれ、一九四六年一月一八日のオーストラリア・ニュージーランドの戦争犯罪人名簿のなかには、裕仁天皇の名前もあった。アメリカにおいても、過半数の国民は、天皇を戦犯として裁判に付すことを強く要求していたし、国

---

### 第一期

■一九四五年
8・14　ポツダム宣言受諾
・15　終戦放送
9・2　降伏文書に調印
・4　第八八臨時国会開会式に出席
・25　ニューヨークタイムズ記者等と会見
・27　マッカーサーを訪問
10・4　GHQ、「自由に関する指令」
11・13　伊勢神宮参拝・敗戦を奉告
・17　多摩陵に敗戦を奉告
・18　GHQ、皇室財産に凍結指令
・20　靖国神社参拝（国営神社としては最後）
・24　内大臣府廃止

務省内の中国派は、天皇制の廃止を強く主張していた。

一方、国内では、四五年一〇月に活動を再開した共産党が、裕仁天皇を戦争犯罪人の筆頭として追及するとともに（一二月八日、戦争犯罪人追及人民大会）、一〇月一〇日に発表した「人民に訴う」では天皇制打倒を明言した。そして、一一月一一日発表の「新憲法の骨子」でも人民主権をうたい、一二月一日の「日本共産党行動要領」では、その具体的政策の冒頭に「天皇制の打倒、人民共和政府の樹立」を置いた。当時、これに同調する国民も少なくはなく、人びとの天皇や天皇制に対する批判もある程度の高まりをみせていったが、こうした雰囲気の中で、四六年五月一九日の食糧メーデーに一労働者が天皇をからかうプラカードを持って参加し、不敬罪で捕まるという事件も起こったのである。

しかし、大方の国民は、天皇制を打倒しようとも、裕

---

12・8—10　宮城県「みくに奉仕団」宮城清掃
・15　GHQ、「神道指令」
・22　日本人記者団と初めて会う
■一九四六年
1・1　「国運振興の詔書」（人間宣言）
1・18　名古屋で熊沢天皇名乗り出る
2・13　GHQ作成の憲法草案日本側に提示
・19—20　神奈川県巡幸
・28—3・1　東京都巡幸
3・6　日本国憲法改正草案要綱発表
・25　群馬県巡幸
・28　埼玉県巡幸
4・1　皇太子、学習院中等科進学
4・29　GHQ、天長節に東条英機ほか二八名を戦犯として起訴

仁天皇の戦争責任を追及しようともしなかった。八月一五日に、宮城《きゆうじよう》前で額《ぬか》ずいた国民の姿の方が、むしろ多くの国民の心情を表していた。たとえば、不十分な調査ではあるが、四五年一二月二三日に放送された「天皇制支持か、否か」に対するラジオを通じる調査では、天皇制を支持する者が九五％で、否定はわずか五％しかなかった。実際、一一月一三日に天皇が伊勢神宮に敗戦の奉告に出掛けたときには、天皇側近の心配を吹き飛ばすように、「鉄道沿線の田畑に働く農民は御召《おめし》列車と気づき、あわてゝ頬被りを脱ぎ、あるひは土下座して奉拝する」(朝日新聞)ような状況であったが、これは一一月一七日に多摩陵《たまりよう》に出掛けたときも同じで、天皇を目にした国民は有りがたがって天皇を迎えたのである。

そして、当時のマスメディアは、こうした天皇制擁護意識を増幅する場合が多かった。たとえば、右の神宮参

---

5・3 極東国際軍事裁判所開廷
・19 食糧メーデー・プラカード事件
・21 GHQ、皇族の特権廃止を指示
・24 天皇、食糧危機突破の放送
・31 マッカーサーを訪問
6・6—7 千葉県巡幸
・17 キーナン検事「天皇は訴追せず」
・17—18 静岡県巡幸
10・8 文部省、教育勅語奉読の廃止を通達
・15 ヴァイニング夫人来日
・16 マッカーサーを訪問
・21—26 愛知・岐阜県巡幸
11・3 日本国憲法公布

拝は、「畏《かしこ》し　終戦を御奉告」として報じられているし、皇后がチャンチャンコを下賜したときにも、「皇后様の御仁慈」として報じている（一一月一四日）。特に、人間宣言を報じた四六年一月一日の紙面では、天皇を、「おだやかな学者」「やさしい紳士」「女性的なやさしさのなかにどことなくそなはつた気品」「人を疑はないすなほな御性格」「曲がつた事がお嫌ひ」として描きだしたが（以上、すべて朝日新聞）、これはやがて作られる象徴天皇制の天皇像を先取りするものであった。

国民の状況がこうであったとすると、共産党を除く各政党の天皇論が、天皇制擁護に傾くのは当然であった。四六年になって次々と発表される各政党の憲法案は、もっとも保守的な進歩党から、自由党・社会党にいたるまで、すべて天皇制の存置を決めていたが、特に進歩党や自由党の原案における天皇像が、旧憲法のそれと基本的

---

日本国憲法公布記念式典（貴族院）に出席
東京都主催日本国憲法公布記念祝賀都民大会に出席
・18―19　茨城県巡幸

■一九四七年
1・16　皇室典範・皇室経済法公布
4・4　皇太子、愛林日植樹祭（多摩・浅川）に出席
5・3　日本国憲法施行
憲法施行記念式典に出席
宮内省が宮内府となる
・6　マッカーサーを訪問

**第二期**

■一九四七年
6・3　文部省、宮城遥拝・天皇陛下

に同一であったのは不思議ではない。まして、松本烝治国務大臣を委員長とする内閣の憲法問題調査委員会の作成した憲法案では、天皇はまったく旧憲法のそれの焼き直しに過ぎなかった。

日本国民の状況がこうしたものであったからこそ、占領軍、とりわけその総司令官であったマッカーサー元帥は、アメリカ国内にある天皇制廃止の意見を押し切って、天皇を利用することによって占領目的を達成しようとしたのである。「天皇は二〇個師団に匹敵する」との元帥の言葉は、こうした背景で述べられたものである。もし、日本国民の多数が天皇に反感を持ち、反対しているなら、いかに元帥が天皇を利用しようと考えても、利用価値はなかったに違いない。ともあれ、こうして天皇なる機関を持つ制度は残ることになったし、裕仁天皇は戦争犯罪人として裁かれることを免れたのであった。

---

万歳の停止通達
・4―15 京都・兵庫・大阪・和歌山各府県巡幸
・23 第一回特別国会開会式に出席し勅語で「わたくし」の自称を使う
8・3 都市対抗野球大会を観戦
・5―19 福島・宮城・岩手・青森・秋田・山形各県巡幸
9・4―8 栃木県巡幸
10・7―15 新潟・長野・山梨各県巡幸
・10 キーナン検事「天皇と実業界に戦争責任なし」
・13 皇室会議で一一宮家の皇籍離脱決定
・23―11・2 福井・石川・富山・岐阜各県巡幸

しかし、アメリカやマッカーサーにしてみれば、侵略戦争をもたらした従来どおりの天皇制をそのまま存置しておくことは到底できない。このため、天皇制は根本的な変革を遂げさせられることになった。天皇制の経済的基盤である封建的地主制の解体、天皇制を支えた暴力装置（軍・特高警察など）の解体、言論の自由の実現、神道と国家との分離（神道指令）などがそれであるが、その一環として日米共同作業で出されたのが四六年元旦の「天皇人間宣言」であり、ここで天皇は自らの神格性を否定し、民主的な天皇として国民の前に現れることになったのである。

この新しい天皇像を国民に印象づけ、浸透させるために展開されたのが、四六年二月一九日の神奈川に始まる天皇の全国巡幸である。これから二年の間、精力的に続けられたこの巡幸は、各地で熱狂的な国民に迎えられ

---

第二回国体（金沢）に出席
富山県で戦後初の「お手植え」
11・14　マッカーサーを訪問
・15　刑法改正・不敬罪廃止
・26―12・12　鳥取・島根・山口・広島・岡山各県巡幸

■一九四八年
1・1―2　新年一般参賀・二重橋開放（一三万人）
・21　松本治一郎「カニの横バイ」拒否
・29　歌会始の入選者に初めて会う
3・4　GHQ、祝祭日の「国旗」掲揚許可
4・4　植樹祭（青梅）に出席
・29　天皇誕生日国民参賀・二重橋

(四七年の大阪では、天皇は群衆によってもみくちゃになった)、「白馬に乗った恐れ多い天皇」といったコワモテ天皇像に替えて、天皇の言葉「ア、ソー」を流行語とした、「親しみのある民主天皇」像を国民のなかに定着させていった。なお、あまりに国民が熱狂的に天皇を迎えることに危惧を感じたGHQは、ソ連の抗議もあって、四八年には一年間この巡幸を止めさせている。

「国民的精神の生きた象徴」として天皇を論じた津田左右吉や、「文化的共同体」としてとらえた和辻哲郎などの学者も、新しい天皇像の形成に力を貸した。

こうして形成された新しい天皇像を法規範として定着させたのが、日本国憲法であった。そしてこの憲法の天皇像は、政府の「憲法改正草案」発表後の四六年四月の調査では、八五%の国民によって支持され、反対はわずか一三%であった(毎日新聞五月二七日)。四六年一一月三

---

5・6　開放(三五万人)
6・19　マッカーサーを訪問
　　　教育勅語排除・失効確認決議
7・1　〈宮城〉を〈皇居〉に改称
　・20　「国民の祝日に関する法律」公布
10・8　都内の社会事業施設を視察
11・12　極東国際軍事裁判判決
12・2　キーナン検事を通してアメリカの寛大さに感謝
　・23　皇太子誕生日のこの日に東条ら七名処刑
■一九四九年
1・1　マッカーサー、「国旗」の自由使用許可
　・10　マッカーサーを訪問
　・26　銀婚式内宴

日に宮城前広場で開かれた憲法公布記念祝賀都民大会では、集まった一〇万人の都民は、皇后とともに出席した天皇に対して、君が代を唱和し、天皇陛下万歳を叫んだのである。

## 3　象徴天皇制の定着期

日本国憲法が制定され、象徴天皇制が導入された後、日本が独立を回復するまでの時期は、新たな天皇像が国民の中に定着していく時期であり、裕仁天皇にとっても、新たな天皇に身を合わせていく時期である。

天皇自身は、「人間宣言」のときもそうであったが、かつての天皇と新たな天皇との憲法上の立場の根本的相違をあまり認識していないような気配があり（これは死去のときまでそうであるが）、敗戦前と同様の内奏を内

5・17―6・12　福岡・佐賀・長崎・熊本・鹿児島・宮崎・大分各県巡幸
6・1　宮内府が宮内庁となる
7・8　マッカーサーを訪問
22　全日本選手権水上競技会大観覧
9・25　『相模湾産後鰓類図譜』出版
10・30　第四回国体開会式（東京）に出席（定例化）
11・26　マッカーサーを訪問
■一九五〇年
3・12―4・1　香川・愛媛・高知・徳島各県と淡路島巡幸
4・4　植樹祭（甲府）に出席
・18　マッカーサーを訪問
5・20　第三皇女孝宮、鷹司平通と結

閣総理大臣に求めたり、一九四八年の宮内府長官・侍従長の更迭問題では最後まで抵抗したり、人事に口を挟んだりしており、また、四七年に沖縄占領問題に関してアメリカに申し入れたり、四八年一二月に極東国際軍事裁判担当のキーナン検事をとおしてトルーマン大統領にアメリカ占領軍の寛大さに感謝の意を示したり、マッカーサーと数度の会見を行うなど、天皇は日本を代表してアメリカと話し合いを行っても当然であるかのような姿勢をとっていた。しかし、天皇を取りまく状況は、天皇の政治的位置を低下させ、天皇を政治的には無化していくように動いた。

天皇は、四八年の中断を挟んで、この時期にも精力的に巡幸を行い、四七年には京都・大阪・兵庫など実に二三府県へ、四九年には九州七県へ、五〇年には四国など五県へ、五一年には近畿四府県への巡幸を行い、これは

---

婚
10・17　文部省、「国歌」「国旗」の斉唱・掲揚をすすめる
・28　第五回国体開会式(愛知)に出席
11・6　二一年ぶりに早慶戦を観戦
12・1　GHQ経済顧問ドッジと会見
■一九五一年
1・1　新年一般参賀に際し初めて天皇・皇后お出まし
2・10　アメリカ特使ダレスと会見
4・15　マッカーサーを最後の訪問
5・2　リッジウェイと初会見
・17　貞明皇太后死去
6・22　皇太后、大喪儀
11・11―25　京都・滋賀・奈良・三重各府県巡幸

五四年の北海道巡幸で完結した。この巡幸も、各地で圧倒的な国民の歓迎を受け、スト中の労働者はストを止めて歓迎し、原爆の被害を受けた広島市民も万歳で天皇を迎えるなど、天皇と国民は一体化し、戦前のコワモテ天皇像は完全に一掃され、新たな象徴天皇像が国民のなかに確立されていった。もっとも、旧憲法下ならいざ知らず、これら現憲法下の国内巡幸も公的に行われたが、国事行為に属さないこれらの行為を公的に行うことの問題性を、だれも口にする者はなかった。

国事行為に属さない公的行為と言えば、天皇は、四七年六月二三日の初の国会開会式以来、一貫して国会開会式に出席し、「勅語」(五〇年七月一三日より「おことば」となる)を読んでおり、また、地方で開かれる国民体育大会にも皇后とともに出席することが四九年の東京国体以来定例化したり、五〇年、第一回が行われた植樹祭へ

・12 京大事件起こる
・14 天野文部大臣、「国民実践要領」を発表
■一九五二年
4・28 講和条約発効・独立を回復
5・2 全国戦没者追悼式(新宿御苑)に出席
・3 独立記念式典(皇居前広場)に出席

## 第三期

■一九五二年
6・2―5 伊勢神宮・神武天皇陵等に講和条約発効を奉告
7・31 戦後初めて明治神宮参拝
8・28 憲法七条のみを根拠とする衆議院解散

の出席も定例化しているが、これらはすべて公的なものとして行われている。ともあれ、このような全国的儀式に天皇が公的に出席することが慣例化したことによって、国民と天皇が一体化する場を保障されることになった。

また、この時期に、四八年の国体に対する天皇杯の「下賜」をはじめとして、多くのアマチュア・スポーツ団体に、天皇は天皇杯を、皇后は皇后杯を「下賜」した。これらも、国民と天皇を結びつける上で、今日まで一定の役割を果たしている。

天皇と国民の一体化を進めたものに、二重橋が開放されて四八年より始まった、正月と天皇誕生日の一般参賀がある。この年には、宮城の名称も皇居に変わっている。

もっとも、この時期、巡幸が行われた地方の新聞が天皇の一挙手一投足を詳細に書き立てたのに対して、象徴天皇制が憲法に規定されて以後の中央紙は比較的に冷静

---

10・10　第四皇女順宮、池田隆政と結婚
・16　初めて皇后とともに靖国神社参拝(天皇は七年ぶり)
11・10　皇太子、立太子礼と成年式
■一九五三年
1・1　国事行為として「新年祝賀の儀」を独立後初めて開催
・4　秩父宮死去
・12　秩父宮、喪儀
3・16　皇太子、靖国神社参拝
・30―10・12　皇太子、エリザベス二世の戴冠式に天皇の名代で出席
仏・伊・米・加など一四ヵ国訪問
5・6―8　千葉県巡幸
10・18　靖国神社秋季例大祭に勅使参

で、この時期の中央紙からは、天皇に関する記事は激減している。そうしたなかで、天皇誕生日の記事が四八年から定例的に各紙に掲載されるようになり、そこでは、「誕生日には音楽一家の団らん　皇太子さまも隠し芸、父天皇を慰める集い」の記事(読売新聞五〇年四月二八日夕刊)に見られるように、優しい父親であるとともに、「平和を愛し常に国民生活の向上を念じておられる陛下、科学者として日本の誇りである陛下」(毎日新聞五一年四月二九日)の像が提示されることになった。

しかし、この時期には、旧天皇像を思わせるような事例も一方には存在した。大体、憲法施行当時から、官報において天皇の名前が記載されず、「御名御璽《ぎょめいぎょじ》」になっていること自体、権威的天皇像の残存を示すものであったが、五一年に天皇が京都大学を訪問した際、学生が天皇打倒のプラカードや「平和の歌」で送迎したことを

向復活
11・5　戦後初の天皇主催園遊会
■一九五四年
1・2　二重橋事件(死者一六名)
4・5―10　兵庫・三重県巡幸
8・6―23　北海道巡幸・国体に出席(飛行機に初乗り)
9・29　三越デパート見物
■一九五五年
5・10　国際見本市見物
・24　初めて蔵前国技館で大相撲見物
11・28　義宮、成年式
■一九五六年
4・20　上野動物園見物
・30　三笠宮崇仁、『帝王と墓と民衆』出版

「世紀の不祥事」と報じた新聞や、真相発表文のなかで「鹵簿《ろぼ》」とか「着御《ちゃくぎょ》」といった言葉を使用し、京大同学会を解散させ、学生を処分した京大当局、国会で大学監督権の強化を論じた天野貞祐文部大臣などの意識のなかには、権威ある旧天皇像が色濃く残存していた。この天野文相が、五一年一一月、「国民実践要領」を作成し、天皇を国民道徳の中心として位置づけようとしたことは、したがって、あり得ることであった。だが、こうした旧天皇像の強調は、だんだんに受け入れられなくなっていった。

けれども、このような象徴天皇制の定着とは裏腹に、裕仁天皇個人の身辺は必ずしも安泰ではなかった。それは戦争責任問題が尾を引いていたからである。たしかに天皇は、「天皇と実業界に戦争責任なし」とした四七年一〇月一〇日のキーナン検事の発言に示されているよう

---

11・20 戦後初の国賓エチオピアのハイレ・セラシエ皇帝と会見
■一九五七年
4・29 『明治天皇と日露大戦争』公開
7・8－10 山梨県旅行・富士五合目まで登山
10・7 インドのネール首相と会見
■一九五八年
1・31 インドネシアのスカルノ大統領と会見
5・24 第三回アジア競技大会で開会宣言
11・11 三笠宮崇仁、学者の集会で「紀元節」に反対の意思表明
・27 皇太子、正田美智子との婚約発表
ミッチー・ブーム起こる

に、戦犯としての訴追を免れていた。そして、四八年一一月一二日の判決は、天皇を不問のままにしていた。しかし、だれの目にも、天皇が訴追されなかったのはアメリカの意思であることは明白であり、判決の個人意見のなかでウェッブ裁判長が述べたように、「かれの免責は、疑いもなく、すべての連合国の最善の利益のために決定された」ものであった。したがって、ソ連などは、五〇年頃になっても、旧満州における細菌戦準備を理由に天皇の責任を追及しようとしていたのである。こうして天皇が訴追の上で無罪になったのではなかったという事実は、結局、天皇の死去前後まで問題を残すことになったのである。

これとの関係で、裕仁天皇には退位問題があった。天皇自身は、退位は天皇制度を危うくするとの認識で、憲法制定前後においては退位を考慮の外に置いていたが、

---

12・2 フィリピンのガルシア大統領と会見

■一九五九年
3・28 千鳥ヶ淵戦没者墓苑で追悼式
4・10 皇太子、結婚
6・25 プロ野球(巨人―阪神戦)観戦

■一九六〇年
2・23 皇孫・浩宮誕生
3・10 第五皇女清宮、島津久永と結婚
・26 西ドイツのアデナウアー首相と会見
4・5―6 伊豆大島を旅行
・27 赤坂に東宮御所完成
9・22―10・7 皇太子夫妻、日米修好百年で訪米

皇室典範制定時の貴族院において、政治学者・南原繁は、天皇制度支持の立場から、道徳的に退位すべきだと論じたりしていた。そして、四八年、三淵最高裁長官の発言を契機にこの問題が再燃し、いろいろな論が展開されることになった。しかし、当時の世論調査に示されているように、国民の多くは退位を望まず、また、天皇自身も退位の意思はなく、またマッカーサーにも退位させる意思はなかったので、天皇は退位することはなかった。そして、天皇は、五二年五月三日の独立記念式典で、「この時に当り、身寡薄《かはく》なれども、過去を顧み、世論に察し、沈思熟慮、あえて自らを励まして、負荷の重きにたえんことを期し……」と述べて、独立を契機とする退位論も斥けたのである。しかし、このために、責任をとっての退位論も、天皇死去にいたるまで、折りにふれて浮上することになった。

---

## 第四期

■一九六〇年

9・29　第四九回列国議会同盟東京会議に出席

10・22　池田首相、伊勢神宮の国家的性格を表明

11・10　『風流夢譚』を掲載の「中央公論」一二月号発売

・12―12・9　皇太子夫妻、イラン・エチオピア・インド・ネパール訪問

■一九六一年

1・　大江健三郎、「セヴンティーン」事件

2・1　嶋中事件

3・10　神社本庁、不敬罪制定請願運

## 4　象徴天皇制の開花期

一九五二年の独立を契機に、占領下で抑えられていた復古の動きがあらゆる面で湧き出してきたが、天皇をめぐる問題でも同様であった。

天皇をめぐる復古の動きは、なによりも、憲法改正の動きのなかに現れてきた。すなわち、五〇年代半ば頃までの、自由党や改進党などの保守党の改憲案はいずれも、再軍備などの規定とともに、天皇を元首化し、天皇により広汎な権限を持たせ、家族制度を強化することで天皇制度の基盤を強化する規定を含んでいた。これら改憲案の方向は、明らかに戦前の天皇制への回帰を指向するものであり、内閣の「進言」ないしは「助言」によって実際は形式的行為になるにせよ、いったんは天皇に政治的

動開始
4・19　日赤長崎原爆病院で被爆者を見舞う
29　天皇、還暦
7・23　東久邇成子(照宮)死去
11・27　吹上御所完成
12・21　「思想の科学」一月号天皇制特集号を廃棄
■一九六二年
1・22—2・10　皇太子夫妻、パキスタン・インドネシア訪問
11・5—10　皇太子夫妻、フィリピン訪問
■一九六三年
3・11　宮内庁、小山いと子『美智子さま』「平凡」掲載中止申入れ

権限を付与するような改憲案も、そこには存在した。もっとも、さすがに政党の改憲案には、国民主権までをも変更しようというものは存在せず、時代の流れにはいかんともしがたいものがあった。しかし、これら改憲の動きは、五五年から五六年にかけての衆・参院選挙で、改憲勢力が改憲の発議に必要な各院の総議員の三分の二以上の多数を獲得することができず、挫折した。

また、かつて天皇制と密着していた紀元節の復活の動きも、いったんは活発になってきた。すでに吉田首相は、五一年、独立回復後に紀元節を復活したいと述べていたが、五四年には各地の神社で紀元節祭典が実施されるようになり、五七年には紀元節復活法案が国会に提出されるまでになった。しかし、三笠宮を含む歴史・考古学者などを中心とした反対運動の前に、この時期での復活は実現せず、決着は次期に持ち越された。

8・15 政府主催・第一回全国戦没者追悼式に出席(定例化)
11・26 ケネディ大統領葬儀に皇太子夫妻、名代として出席
■一九六四年
4・28 第一回生存者叙勲発表
・29 戦後初の戦没者叙勲
5・20 「国事行為の臨時代行に関する法律」公布
8・15 靖国神社境内で全国戦没者追悼式に出席
9・30 義宮、津軽華子と結婚(常陸宮家創立)
10・10 オリンピック東京大会で名誉総裁として開会宣言
■一九六五年
4・23 初の春の園遊会

このような挫折とは別に、国事行為以外に天皇の「公的行為」があるという慣行は、この時期完全に定着し、有力憲法学者もこれら行為を正当化する解釈を展開するようになった。特に、独立によって外交権が回復した対外交渉の分野では、後に述べるように、外交文書の記載形式において、あたかも天皇が日本国の元首であるかのごとき体裁がとられたり、天皇に外国の大・公使が信任状を捧呈するようになったりした結果、外国は天皇を当然に元首とみなすようになっていった。そして、この立場で、天皇・皇族は華々しい皇室外交を展開するようになり、五六年一一月には最初の国賓として来日したエチオピア皇帝を歓待するなどの行為を行うようになった。しかも、五三年の皇太子のイギリス女王戴冠式参列のように、法的に説明のつきにくい行為(天皇の名代としての参列であるから、「公的行為」の委任による出席か?)

---

11・30　皇孫・礼宮誕生

■一九六六年

6・25　祝日法改正法公布(「建国記念の日」など)

9・20　ビルマのネ・ウィン革命評議会議長と会見

・28　フィリピンのマルコス大統領と会見

10・31　「期待される人間像」中教審答申

■一九六七年

2・11　第一回建国記念の日

2・15　初めての署名入り『カゴメウミヒドラ科のヒドロ虫類の検討』出版

3・6　皇后、日本画集『桃苑画集』出版

も行われるようになった。

また、五二年頃からは、国事行為に関連する説明とは別に、閣僚が国事に関連して天皇に会った機会に、天皇に所管事項を説明する「内奏」（宮内庁用語では「拝謁」）が行われるようになったが、これも「公的行為」として説明するしかない行為である。そして、これも「公的行為」とされることになる秋の園遊会が五三年一一月五日より始まり（春の園遊会は六五年から）、後の全国戦没者追悼式の先がけとなる五二年の新宿御苑での全国戦没者追悼式にも、天皇・皇后は公的に出席している。

一方、五二年七月に天皇が戦後初めて明治神宮に参拝したり、同年一〇月に靖国神社に七年ぶりに参拝したりするなど、天皇・皇族はこの頃から頻繁に神宮・神社に参拝するようになったが、これとともに、神道と皇室との公的結合も復活してきた。たとえば、五一年の貞明皇

---

■一九六八年
3・15　皇太子、万国博名誉総裁に就任
28　インドネシアのスハルト大統領と会見
4・8　ユーゴスラビアのチトー大統領と会見
8・31　北海道百年記念式典（札幌）に出席
10・11　戦傷病者特別援護法制定記念式典に出席
・23　明治百年記念式典（日本武道館）に出席
11・14　皇居新宮殿落成式
■一九六九年
1・2　六年ぶりの一般参賀
パチンコ玉事件・発煙筒事件起こる

太后の喪儀や五三年の秩父宮の喪儀は、神道式で挙行されたにも拘わらず、国費が支出され、国家的儀式として行われたのである。

また、皇室典範やその他の法律に根拠規定がないにも拘わらず、五二年一一月には皇太子の成年式と立太子礼を閣議決定によって国事行為として行い、五九年には皇太子の結婚式を国事行為として行うなど、旧宮務法体系に存在した儀式を、公的儀式として挙行するようになった。

このような復古的な動きや旧天皇像を思わせる行為も再び始まっていたが、しかし、この時期は、それを上回るように新しい天皇像＝親しみある天皇像が全面的に展開する時期であり、右に述べたような動きを目立たぬものとした。

この時期の主役は、ともすれば旧天皇像がチラチラし、

4・18　皇孫・紀宮誕生
9・30　『天草諸島のヒドロ虫類』出版
12・11　浩宮、初めて靖国神社参拝
■一九七〇年
3・13　万国博開会式に出席（大阪）
4・14　ウ・タント国連事務総長と会見
7・13－15　万国博見学
■一九七一年
1・27　葉山御用邸焼失
4・16　広島原爆慰霊碑を初めて参拝
・29　天皇、古稀
5・13　イギリス学士院会員に選ばれる
9・25　天皇訪欧に反対し沖縄青年委員会、坂下門に突入
・27－10・14　ヨーロッパ七カ国訪

戦争責任の影が付きまとう裕仁天皇ではなく、アメリカ婦人ヴァイニングによって教育を受けるなど、戦後の民主教育のなかで育ち、戦争責任は問う余地のない、「汚れを知らぬ、民主的な、われらの若き皇太子」であった。明仁皇太子は、五二年一一月の成年式および立太子礼で颯爽と国民の前に登場するが、これは皇室への親近感をかきたてた。そして、翌年、イギリス女王の戴冠式に出席するため、天皇の名代として皇太子が訪米・訪欧すると、マスメディアは皇太子の言動を詳細に国民に伝えたが、当時ようやく国際社会に日本が復帰したこともあって、国民は皇太子の外国元首等との交流に再出発した日本の姿を重ね合わせ、熱狂的にこれを受けとめたのである。こうして戦後第一回目の「皇室ブーム」が沸き起こった。翌五四年の新年一般参賀に、三八万人もの国民が押し寄せ、大混乱となって死傷者が出るような事態にな

---

問
アメリカのニクソン大統領とアンカレッジで会見
10・23 伊豆須崎御用邸完成

■一九七二年
1・25 ソ連のグロムイコ外相と会見
2・3 冬季オリンピック札幌大会で名誉総裁として開会宣言
5・15 沖縄復帰記念式典(日本武道館)に出席
10・5 学制百年記念式典(国立劇場)に出席

■一九七三年
4・6－13 宮崎県旅行・帰途初めてカーフェリー利用
5・26 増原防衛庁長官内奏(後に問題化)

ったのも(二重橋事件)、こうしたブームのゆえであった。

そして、五八年一一月二七日の、皇太子と民間の女性・正田美智子との婚約発表は、軽井沢の「テニス・コートの恋」として報じられたこともあって、折りからの週刊誌の台頭とあいまって、日本全土に空前の大ブームである「ミッチーブーム」を生んだ。このブームの頂点は、翌年四月一〇日の結婚式で、国民の多くは結婚式や結婚パレードの中継を、このために購入した白黒テレビをとおして、固唾をのんで見守った。こうしたブームのなかで、当時の政治的争点であった、警職法問題(警察官職務執行法の改正をめぐる問題)や安保改定問題は、ともすれば忘れ去られることになっていった。このブームは、六〇年二月の浩宮《ひろのみや》の誕生や、三月の、皆に親しまれた「おスタちゃん」こと清宮《すがのみや》の結婚の頃まで持続したのである。こうして、皇室は、皇太子一家を中心として、

6・5 中曽根通産相、王制発言
11・9 トンガ国王ツポウ四世と会見
26 上野動物園でパンダを見物
■一九七四年
1・26 金婚式
8・14 東アジア反日武装戦線狼グループ、天皇特別列車爆破未遂
10・5 第六一回列国議会同盟開会式に出席
・28 川崎市の老人ホーム訪問
11・7 伊勢神宮参拝(二八年ぶりに剣璽動座の儀復活)
・19 アメリカのフォード大統領歓迎晩餐会
■一九七五年
4・4 ルーマニアのチャウシェスク大統領と会見

国民のなかに好意や愛情をもって受け入れられていった。

　このとき国民が受け入れた皇室像が、恐れ多く、尊崇の対象となる皇室でなかったことは確かである。五〇年代末に登場した女性週刊誌の取扱いが端的に示しているように、皇室はそこでは親愛の対象として、また、一種のスターとして意識されていた。正田美智子を「ミッチー」、清宮を「おスタちゃん」、義宮《よしのみや》（現常陸宮）を「火星ちゃん」と愛称で呼んだ国民は、この人たちを、この時期、ほとんど等身大でとらえていたのである。そして、皇太子一家は、当時の庶民（特に若者）の夢を実現したものとして、すなわち、「マイホーム」＝「片隅の幸福」＝「八千草薫のような可愛い奥さんと優しい旦那と愛らしいチビッコで構成されるつつましい家庭」の夢を現実化したものとして眺められていた。辛い仕事を終えた集団就職の女の子が、夜、暗い電灯の下のせんべい布団の

---

5・7　エリザベス女王と会見
7・17　沖縄・ひめゆりの塔参拝中の皇太子夫妻に火炎ビン
8・15　終戦記念日に現職首相では初めて三木首相、私人として靖国神社参拝
全国戦没者追悼式の標柱が「全国戦没者之霊」となる
9・30－10・14　訪米
10・31　日本記者クラブと初の公式記者会見
■一九七六年
11・10　在位五十年記念式典
■一九七七年
1・1　新年祝賀の儀を宮内庁記者に一部公開
7・17　皇后、那須御用邸で腰椎骨折

中で、皇族の写真が掲載された女性週刊誌をむさぼり読み、いつか訪れるであろう幸せな日々を夢見ているといった姿を想像すれば、当時の若者の気分に近いだろう。

しかし、このように私的側面が強調され、神格性はなんら保有せず、政治的権能とは関係なく、国民の夢の結節点であり愛情の対象である皇室像やその皇族に囲まれた優しい天皇像は、象徴天皇制の一つの理念に近いものであったと言えよう。そしてこの天皇像は、国民に忠誠を要求するわけではないし、超越した権威を持つこともできない。政治学者・松下圭一は、こうした天皇像を、大衆社会を基盤として成立した「大衆天皇制」と規定し、「『新しい粉黛《ふんたい》』によって『もろもろの旧きもの』が打撃をうけた」、「天皇神権思想にとっては〔皇太子妃の決定は〕決定的打撃ですらあった」と評した（「大衆天皇制論」中央公論五九年四月号、「続大衆天皇制論」同八月号。も

---

10・6　地方自治三十周年記念式典に出席

■一九七八年

4・16　西ドイツのシェール大統領と会見

10・23　中国の鄧小平副首相と会見

・30　メキシコのロペス大統領と会見

■一九七九年

6・12　元号法施行

・25　アメリカのカーター大統領と会見

・28　東京サミット参加首脳と会見

■一九八〇年

2・23　浩宮、成年式・加冠の儀

5・27　中国の華国鋒首相歓迎晩餐会

11・7　三笠宮寛仁、結婚

っとも、松下は、正当にも、大衆天皇制を独占資本によって直接担われ、マスコミが支援する存在として把握し、それが国民に対して持つ新たな危険を指摘している)。こうして、古きものは敗北したように思われ、天皇問題は過去の問題であるかのような幻想も生まれた。

## 5 象徴天皇制の再編期

六〇年代以降の時期の特徴をもたらす大きなきっかけになった事件は、まさに開花期の頂点である、皇太子結婚式の日に起こった。この日の結婚パレードで、一人の青年が、皇太子夫妻が乗っている馬車に石を投げたのである。この状況は、パレードを中継したテレビをとおして全国の茶の間に報じられたが、天皇制護持論者は、この事件の発生にショックを受けるとともに、この事件を

---

■一九八一年
2・24 ローマ法王ヨハネ＝パウロ二世と会見
4・29 誕生日一般参賀で初めて「おことば」を述べる
7・29 皇太子夫妻、イギリスのチャールズ皇太子の結婚式に参列
■一九八二年
3・9 イタリアのベルチーニ大統領と会見
4・2 三笠宮寛仁、皇籍離脱の意思を表明
8・25 デクエアル国連事務総長と会見
9・20 イギリスのサッチャー首相と会見
■一九八三年

共感を持って受け取った多くの若者がいたことに、一層の危機感を持つにいたった。すなわち、ある人たちは、すでに、皇太子に象徴される「開かれた皇室」に違和感を感じ、皇室を取扱うマスコミの態度を苦々しく思い、裕仁天皇のような権威を必ずしも身につけていない皇太子への皇位継承に危惧を抱いていたのであるが、この事件によってあらためてスター的に構成される天皇・皇室のもろさを痛感したのである。自分と基本的に等身大で存在するスターへの憧れは、五七年の、ファンによる美空ひばり塩酸事件のように、一つ間違えばスターに対する憎悪や嫉妬に転化する。スター的に構成された皇室像の持つこの脆弱性を克服し、天皇制度を安泰たらしめるためには、天皇制度にある種の権威性を持たせ、国民との間に一定の距離を置くことで国民との異質性を強調することが必要であると、この人たちは考えるようになっ

1・16 カナダのトルドー首相と会見
6・20 浩宮、イギリス留学に出発
10・26 国営昭和記念公園(立川基地跡地)開園
・31 西ドイツのコール首相と会見
11・9 アメリカのレーガン大統領と会見
■一九八四年
1・31 オーストラリアのホーク首相と会見
9・6 韓国の全斗煥大統領と会見
25 福島県・猪苗代湖に旅行
12・6 三笠宮憲仁、結婚(高円宮家創立)
■一九八五年
3・16 筑波科学万博開会(期間中二回見学)

た。

この人たちをより一層刺戟したのは、六〇年末に「中央公論」に掲載された、深沢七郎の『風流夢譚』であった。そこでは、天皇や皇后・皇太子夫妻が処刑にまでされているではないか。そこで、この人たちの一部は、こうした表現活動が野放しになり、天皇や皇室が侮辱される状態を放置することはできないと考えるようになった。その結果が、六一年二月の嶋中事件である。中央公論社嶋中社長宅に押し入り、お手伝いさん等二人を殺傷したこのテロ事件は、言論界に衝撃を与えた。その結果は、被害者であるはずの中央公論社社長の謝罪や、同社発行の雑誌「思想の科学」の廃棄・停刊に示されるように、言論界の自粛であった。一方、天皇批判の表現物を攻撃する者は、自分たちのとった方法が、こうした表現を駆逐するのに有効であることを確信した。こうして、天皇

・25 スウェーデンのグスタフ国王と会見
7・13 後水尾天皇を抜き歴史的・歴代天皇の最長寿
11・30 礼宮、成年式
12・22 内閣制度百周年記念式典(首相官邸)に出席
■一九八六年
3・25 皇居に火炎弾
4・29 在位六十年記念式典
5・13 イギリスのチャールズ皇太子夫妻歓迎晩餐会
11・11 フィリピンのアキノ大統領と会見
■一九八七年
2・3 高松宮死去
6・22 三原山噴火後の伊豆大島を視

や天皇制度を批判的に取扱った表現物（小説・映画・論文等）は、これらの人びとの攻撃の的とされ、それはテロを恐れる執筆者や出版社の謝罪・自粛をもたらした。その結果、六〇年代には、天皇・天皇制を批判する表現は、新聞紙上、単行本・雑誌などからほとんど姿を消し、天皇問題は怖いという「天皇タブー」が生まれた。なお、天皇制度を批判的に検討する集会や学会も、「右翼」の襲撃を恐れて自衛しなければならない場合があった。もっとも、この状況は、七〇年代になってなぜか緩和され、天皇制批判文書が店頭にも並ぶようになったが、しかし、抗議・脅迫・テロが無くなったわけではなく、「天皇タブー」は継続しており、それは代替わりの時期に再び顕著となった。

一方、宮内庁もこの動きに呼応するかのように、天皇・皇族の人間化の行き過ぎを積極的にチェックするよ

---

察
9・22　宮内庁病院に入院（手術）
10・7　退院
12・15　負担の軽い執務に復帰
■一九八八年
9・19　病状悪化（吐血）
■一九八九年
1・7　天皇死去
皇太子・明仁即位
元号「平成」と決まる
2・24　大喪の礼
■一九九〇年
6・29　礼宮、川嶋紀子と結婚（秋篠宮家創立）

うになり、小山いと子の小説『美智子さま』の例に見られるように、表現内容に干渉するようになっていった。

しかし、この時期、等身大の皇室を危惧し、天皇・皇室の権威化を図ろうとしたのは、一部の伝統主義者や「右翼」だけではない。もし、天皇の権威強化がこの人たちだけの意図であったとしたら、この時期に展開するようなことは実現しなかったに違いない。すなわち、天皇の権威強化を推進したのは、現代日本の支配層である企業家たちであった。早くも一九六四年、日経連専務理事前田一は、日本では古来より「犠牲的精神と殉忠精神」が天皇を中心として培養されており、「日本民族が、国民の象徴としての天皇を中心として、国民のよりどころをこの一点に集めている姿は諸外国にも類例のない国柄であり、民族の姿である。……このなかに経済が繁栄し、企業が営まれ」る道があると述べて(経営者六四年二月号)、資本の自由化を迎えた日本経済にとって、労働強化・労使協調路線が不可欠であることを前提として、労働者に犠牲的精神・殉忠精神を喚起する中核に天皇を置こうとしていた(「共同性創出型」)。

そして、七〇年代後半に入ると、高度成長を遂げた日本経済の前途に不安が感じられるようになり、そこから「総合安全保障体制」とか、「危機管理体制」とかの言葉が聞かれるようになった。対外的には、従来からのソ連をはじめとする「社会主義国」との対立・緊張に加えて、日本企業が輸出や対外的進出を活発に行ったため、アメリカ・ECなどの先進資本主義国との間に貿易摩擦をはじめとする経済摩擦が生じ、第三世界との利害衝突が生み出されることになった。特に後者の点では、第三世界の混乱から進出企業を守ったり、石油等の日本への輸送ルートを防衛したりするため、自衛隊の派遣も構想されるようになり（自衛隊の海外派遣・ホルムズ海峡防衛論・ペルシャ湾防衛論など）、そこでは武力行使のおそれも杞憂ではなくなっている。これらの事態を考慮するなら、外国に向かっての日本国民の統一は不可欠であり、その場合に統一の軸が必要であるが、それはさしあたり天皇以外には考えられないとされた（「ナショナリズム型」）。また、対内的には、経済発展が壁にぶち当たる「不確実性の時代」を迎えることを予想し、その混乱を乗り越え、革命から「自由」を守るためには、皇室を後世に伝えていくことが「今後この自由な社会を守り続けるための基本でもある」（七八年、福井経済同友会）として、天皇を要とすることの必要性が唱えられた（「革命防止型」）。

いずれの観点を重視するにせよ、これらはすべて、日本の経済発展にとって、天皇で国民が統合されることが不可欠であるとするものである。そして、天皇が国民を統合する機能を有効に果たすためには、天皇はある種の権威を持つ必要がある。そこで、天皇に統合作用が強く期待されるようになったこの時期において、天皇の権威を強化するような処置がいろいろと展開されるようになったと考えることができる。一方、統合作用に期待して天皇を把握するとき、天皇は権威を持つ存在であれば十分であって、政治的権力は必ずしも持つ必要はない。特に、天皇が神道のような宗教的要素によって権威づけられてきたところでは、そうである。したがって、この立場からすれば、強大な政治的権力を保有した旧天皇制への復帰は必要ないことである。また、右の各主張にもうかがわれるように、国民統合を現在において望む場合に、国民主権原則を否定したり、単純に「滅私奉公」を主張し、国民の利益を無視したりすれば、国民は反発するだけで目的を達することができなくなる。その意味では、旧天皇制への復帰は妥当でもないのである。したがって、これらの主張の目的は、天皇制の復活にはないことを確認しておきたい。

こうした企業家たちの意向に、政治家たちも呼応するようになり、五〇年代初期のような、単純な天皇制復活論は表面化しなくなってきた。たとえば、中曽根首相が八七年八月二九日の自民党軽井沢セミナーで天皇の意義を強調した場合にも、天皇には「国民統合としての権威」が期待されており、「いっさいから離れているがゆえに天空にさんぜんと輝いている太陽の如きもの」とされ、「憲法に従って第一条をわれわれが厳守して、象徴天皇として、われわれの精神的なあこがれの中心として結束していくということは正しい」と論じられているのである。

同様に、八〇年代初頭に再び活発化した自民党の改憲論においても、天皇が国を代表する元首であることを明示的にか黙示的にか記述することのみが指摘され、もっぱら天皇の権威強化が意図されている。この点では、すでに、七二年の自民党憲法調査会「憲法改正大綱草案」が、「天皇は、国民統合の中心」であることを強調していたことと対応している。

さて、このように国民統合のために天皇の権威強化が必要であるとするとき、親しみある、等身大の皇室を表す存在である明仁皇太子では、あまり都合はよくない。このため、高齢の裕仁天皇が、五〇年代の皇太子と主役が替わって、死去にいたるまで、精力的に表面に登場することになった。以下、この時期の権威強化の動きを事項だけ列挙しておこう（詳しくは、第三章参照）。

国事行為としては、一九六四年に生存者叙勲が復活し、同年、太平洋戦争戦没者叙勲が復活した。天皇の「公的行為」として、六四年東京オリンピック、七二年札幌オリンピック、七〇年大阪万国博などの国際的行事への出席が行われ、六三年八月一五日以来毎年開かれる全国戦没者追悼式へも天皇は出席している。七一年の訪欧も、七五年の訪米も公式に行われ、天皇が日本の元首であるかのごとき姿を内外に示した。逆に、七五年のエリザベス女王の来日の場合に典型的にみられたように、訪日した数多い外国元首を天皇は接待し、八四年の全斗煥韓国大統領訪日の際の「おことば」のように、日本国を代表して政治的色彩の内容を持った発言も行っている。

天皇の権威を強化する内容の儀式としては、一九六七年より「建国記念の日」が実施され、六八年には「明治百年記念式典」が、七六年には「天皇在位五十年記念式典」が、そして八六年には「天皇在位六十年記念式典」が開かれている。また、七九年には元号法が成立し、「日の丸・君が代」が、特に学校教育をとおして、強調されるようになった。

天皇と自衛隊の接近も、この時期大きく進んでいる。

そして、こうした権威強化の努力の頂点が、代替わりの諸儀式・諸行事である。それはまた、裕仁天皇を媒介とした天皇の権威強化の最後の試みの時期でもあった。ここでは、六〇年代以降つみ上げられてきた、権威強化の諸要素が、全面的・包括的に登場した。この結果、国民、とりわけ青少年のなかに、どの程度権威的天皇像が定着したかの判断は、今後を待たなければならない。

裕仁天皇に替わって、いま、新たな天皇が登場した。先に指摘したように、明仁天皇が醸し出す雰囲気は裕仁天皇とは大いに異なる。しかし、明仁天皇はこれまで、警備体制や「おことば」の文体など、いくつかの点では慣例を変更しながら、重要な事項である皇室祭祀の点などでは、田植えの例に示されているように、意識的に裕仁天皇の姿を踏襲しようとしている。他方、一般国民の出身である美智子皇后とともに、国際性を持ち、環境問題や平和問題に関心を持つ、裕仁天皇よりもより現代的な天皇像を国民に示そうともしている。国民はその姿の中に、裕仁天皇とは異なる国民を統合する要素を見出すかもしれない。

ともあれ、現在の日本の支配層は国民の統合軸を必要としている。それは、さしあたり、天皇以外には存在しない。したがって、古きもの、新しきもの、入り乱れて、総体として明仁天皇による国民の統合が追求されることになるだろう。

## 三　天皇の権威強化を支えるもの

実際には、さまざまな事柄があいまって天皇の権威が強化されているが、特に以下に述べるような現象が重要な要素となっている。これらのうちのあるものは、すでに日本国憲法の成立直後から行われたり、存在してきたが、近年の天皇の権威強化の動きのなかで、その強化傾向を強める働きをしていると言えよう。

## 1　国事行為が生む権威

憲法は、天皇が行うことのできる権能を、憲法が規定した一三の国事行為に限定しているが、日本国・日本国民統合の象徴として天皇が国事行為を行うことは、当然に天皇の権威を高め、国民を統合する作用を果たすことになる。

たとえば、形式的にではあれ、天皇が国権の最高機関である国会を召集したり、衆議院を解散したりすることは、あたかも天皇が国会や衆議院よりも上位にあるかのごとき印象を国民に与えることになるだろう。あるいは、三権の長のうち、内閣総理大臣と最高裁判所長官という二権の長を天皇が任命することは、天皇がこれら二人よりも上位にあるとの意識をもたらすに違いない。同様に、条約や法律が天皇の名前で公布されたり、国家的儀式が天皇によって執り行われることも、天皇が国の中心にあるとの感じを与えている。また、正当な手続で行われたことを公に証明する行為である官吏等の任免・全権委任状や信任状・恩赦・外交文書の「認証」も、認証によってそれらを権威づけるとともに、必然的に権威づける主体としての天皇を意識させる。

とりわけ、その具体的決定権は内閣にあるとしても、勲章等の栄典を授与する権能が天皇に認められ、天皇を栄誉の源泉としていることは、天皇の権威を高めるために大きく寄与している。一般に栄典の授与は、忠誠心の調達にとって安価でしかも効果的な手段である。栄典を喜んで受けた者は、当然に栄典授与者に感謝することになるであろうし、またその際、栄典授与者の地位が高いものと考えられれば考えられるほど、その栄典は貴重なものとなるので、栄典を受ける者は授与者に権威を認めたがる傾向があるからである。その意味で、一九六四年に生存者叙位叙勲が復活したことは、天皇に対する畏敬心をかきたてる役割を果たしてきた。そして、革新的立場を日頃唱える者や天皇・天皇制度に批判的言動を行ってきた者の多くも、いざ栄典を受ける機会に遭遇すると、嬉々として栄典を受け取ってきたばかりか、少しでもランクの高いそれを獲得するために手をまわしたりしているのである。

このように、天皇の国事行為は、憲法の建前の上では、政治の実際には関わりのない「形式的・儀礼的」行為と位置づけられているものの、まさにそれは国家のさまざまな行為に形式的にではあれ「恰好をつける」という行為であり、その意味では権威づけをする行為とも言えるので、それら儀礼的行為を行う主体である天皇も、当然に一定の権威を持つものとして人びとに意識されることにならざるをえない。このことは、天皇はいまや具体的な政治的権限を一切持っていないが、国事行為を行う権威ある存在として、国民意識を一つに統合するという、きわめて高度の政治的機能を果たしているし、今後とも果たすであろうということを意味している。したがって、政治的権限を実際に持たなくても、国事行為を行う主体として天皇が存在するということ自体が、日本において大きな政治的意味を持っているのである。

しかも、現実に国事行為が行われている形式や実態を見ると、その行為の権威を高め、ひいては天皇の権威を高める形で行われることが多い。

たとえば、恩赦である。現憲法では恩赦の決定権は内閣にあり、天皇はそれを認証するに過ぎない。それはもはや天皇の仁慈の表れではなくなっている。しかし、実際にどのような場合に恩赦が行われたかというと、これまで計九回の特別恩赦が行われているうち、その三回は直接皇室に関係している。すなわち、皇太子の立太子礼（一九五二年）・皇太子結婚（一九五九年）・

昭和天皇の大喪の礼（一九八九年）である。このように皇室の慶弔を契機に恩赦を行うことは、恩赦が天皇の恩恵であるかのような印象を生み出すことになるだろう。

また、現に用いられている認証の書式も、天皇の権威を高める形となっている。たとえば、検査官任命の認証に際しての内閣の助言と承認の文書を見ると、そこでは、

○○を検査官に任命するについて

右謹んで認証を仰ぎます

との文言が用いられ、「仰ぎます」との言葉に典型的に示されているように、内閣よりも天皇が高い地位にあるかのごとき体裁がとられている。そして、これに対応する辞令の文書形式においても、

氏名

○○に任命する。

年　月　日

内閣　官印

御名御璽

とされているが、ここには認証の言葉が欠落しており、あたかも天皇が任命権者であるかのごとき形となっている。ちなみに、ここにも示されているように、法律等の公布を行う官報の記載においては、天皇の名前を示したり「天皇の印」と表示するのは天皇に対する敬意を欠くとしてか、旧憲法時代と同様に、常に「御名御璽」と表示されているが、このこともそれを読む者に天皇が特別の尊貴な存在であるかのごとき印象を与えている。

その上、内閣総理大臣・最高裁長官の任命にあたっては、天皇による任命式(親任式)が行われているが、大臣等の認証にあたっても、任命辞令に天皇は認証の署名・捺印すればそれで十分であるのに、総理大臣による任命式が宮殿の正殿・松の間で行われ、それに天皇が立ち会うという慣行が成立しており、実態的には「認証式」が行われている形となっている。内閣成立後の新聞・テレビで国民が目にする全閣僚の記念写真は、この認証式のあとで首相官邸で撮影されたものである。およそ式典には威厳がつきものであるが、任命式や認証式の挙行は、旧憲法時代の天皇による任命式と同様に、「天皇に忠誠を誓う内閣」との印象を生み出すものとなっている。

## 2　実質的元首化

先にふれたように、現憲法の下での天皇は「元首」とは言い難い。しかし、現実には、天皇は国内外ともに元首として扱われるようになっている。そのような結果になったのは、政府の憲法運用のためである。

たとえば、全権委任状や大使・公使の信任状を外国に対して発行する主体は、通常その国を代表する元首である。旧憲法時代には、もとより元首である天皇の名前でこれら文書は発行されていた。しかし、現憲法では、天皇は全権委任状・信任状を認証するだけで、これら文書を発行するのは内閣である。ところが、現実のそれらの書式を見ると、あたかも天皇が発行者であるかのごとき体裁がとられてきた。ちなみに、従来の信任状の例をあげておこう(明仁天皇になり文書は改められたが、体裁は同じ)。

日本国天皇裕仁
〇〇国大統領〇〇閣下

閣下

日本国政府は、日本国と○○国との間に存在する友好親睦関係を維持増進せんことを期し、○○を日本国の特命全権大使に任命し、貴大統領の下に駐劄《ちゅうさつ》せしむ。

茲《ここ》に、日本国憲法の規定に従い、本書を以て之を認証す。

○○は、人格高潔、職務に忠実にして才幹あり、能《よ》く其の大任を全うして閣下の信倚《しんい》に背くことなかるべし。同人が日本国の名において閣下に以聞する所あるにおいては、全幅の憑信《ひょうしん》を賜わらんことを望む。

此の機会に、閣下の慶福と貴国の隆盛とを祈る。

昭和　年　月　日

内閣総理大臣　氏名　官印

外務大臣　氏名　官印

御名御璽

これは、「国際間におけるこれら文書の形式に合致させ、また、明治憲法下の従来の文言および形式と離れたものとならぬようにとの苦心が払われている」（佐藤達夫・憲法調査会での発言）ための当然の結果で、それだけ両憲法における天皇の地位の相違が曖昧となっているのである。しかし、この文書を受け取る外国の方では、日本国憲法の内容など熟知していないので、当然にこの文書は天皇によって発行されたものと理解している。したがって、国際慣例の上では発行者は元首であるので、外国が天皇を元首と認識しても不思議ではない。

一方、外国からの外交使節は、着任にあたって当該国の元首が日本国元首に宛てた信任状を持参して来日する。日本の場合には、信任状の受理権者は、日本国を代表する存在である内閣であるはずである。しかし、現実には次のような手順がとられている。まず、来日した外交使節は、信任状の副本を外務大臣に提出する。外務大臣はこれを閣議に提出して、その承認を求める。閣議承認があると、外交使節は儀装馬車列（この場合はパレスホテルに集合）または自動車列（この場合は大使公邸または大使館）で交通規制のなか皇居に向かう。皇居では正殿・松の間において、外務大臣が侍立するなかで、天皇に対して前外交使節の解任状と信任状の正本を捧呈する式である「信任状捧呈式」が、威厳のある雰囲気のなかで行われる。信任状は後に外務省にまわされる。外交使節が公式に活動を開始するのは、通常この捧呈式の後である。しかも、信任状の名宛人は、例外なく天皇となっている。このことは、諸外国が、天皇を元首として把握していることを意味している。けれども、このような慣行を日本政府は正そうとしないばかりか、むしろそれを押し進めているので、対外関係においては、完全に天皇は元首として遇されている。この結果、裕仁天皇が一九七一年に訪欧したときも、七五年に訪米したときも、天皇は各国で元首として待遇された。

こうして外国が天皇を元首として把握していることを背景に、憲法調査会報告書が政府に提出された一九六四年頃より、日本政府は対国内的にも天皇を元首として押し出すようになっている。たとえば、一九八八年、英国大衆紙が天皇の死について批判的に報道したことに駐英大使が「サブリン(sovereign)」なる言葉を天皇の地位につき用いて抗議したことに関連して、一〇月一三日の参議院内閣委員会で、斎藤条約局長は、サブリンは「『元首』という意味で英国で最も普通に使われている」とするとともに、国際法上「権力を制限された国の元首という意味でも使われている」として、天皇が当然に元首であることを前提とした答弁を行っているし、また、同月一一日の同委員会でも、大出内閣法制局第一部長は、「ごく一部の外交に関して、国を代表しているとの考え方に基づいて〔天皇を〕元首と言っても差しつかえない」と答弁しているのである。

右の政府答弁と同様に、実態を理由に、憲法学者のなかにも天皇を元首と把握する者が登場するようになっているが、天皇制度に批判的な国民のなかにも、無意識的にではあれ、天皇を元首のようにとらえる傾向が浸透しているようである。たとえば、一九八四年に全斗煥韓国大統領が来日したとき、天皇は「永い歴史にわたり、両国は深い隣人関係にあったのであります。このような間柄にもかかわらず、今世紀の一時期において両国の間に不幸な過去が存したことは誠に遺憾であり、再び繰り返されてはならないと思います」との「おことば」を公的に述べたのであるが、当時この「おことば」の内容につき、反省が不十分であるとか責任主体が不明確であるとかの多くの批判は提示されたものの、そもそもなにゆえに現在の天皇がこのような政治的内容を含む「おことば」を国民に代わって述べることができるかという根本的な疑問は、ほとんど出されることはなかったのである。さすがに、九〇年の盧泰愚韓国大統領訪日の際の、「我が国によってもたらされたこの不幸な時期に、貴国の人々が味わわれた苦しみを思い、私は痛惜の念を禁じえません」との「おことば」については、多くの議論を呼んだが、そこでももっぱら問題になったのは、天皇に政治的発言ができるかとか、天皇のこの行為は公的行為であるかどうかといった問題で、天皇が元首ないし準元首の立場で国民を代表することについては、ほとんど議論がなかった。

なお、右の「おことば」同様に、一九七五年のエリザベス英国女王の来日の場合や八一年のローマ法王ヨハネ＝パウロ二世の来日の場合のように、外国の元首が訪日した際には、天皇が迎賓館前庭での歓迎式に臨んだり、宮中晩餐会を主催したりするが、テレビ等を通してこの風景を見る国民は、天皇が日本を代表して歓迎を行っているとの理解を深めることになる。もっとも、近年、多くの国民はこのような「皇室外交」を天皇および皇族に特に期待する傾向が強くなっているように見える。しかし、公的性格を持つこのような行為は、憲法の規定する国事行為には含まれていない。その点で、皇室外交には、そもそもそれは違憲ではないかとの憲法上の疑問も存在している（次の「広汎な公的行為の展開」参照）。

さて、広く知られているように、一九五〇年代の改憲論の主要な柱の一つは、天皇の元首化であった。たしかに、すでに六〇年代の憲法調査会報告書においても、天皇は解釈によって元首とみることができるとの見解は存在したが、当時においてはこの見解は少数意見と言えた。しかし、今日、むしろ今のままでも天皇は元首であるとの見解が、憲法学界以外では、有力になりつつあるように思われる。そうであればこそ、現在の改憲論（たとえば、一九八一年の自主憲法期成議員同盟「第一次憲法改正草案試案」）は、天皇が元首であることを憲法に明記することに拘泥していないのであろう。

もともと、先に指摘したように、法的には、元首とは国を代表する存在であるということ以上を意味するものではない。しかし、元首という言葉が一般的に日本で使われる場合には、過去の天皇像を投影して、権力・権威ともに強力ななにかを想起させる働きをこの言葉は持っている。したがって、天皇をいったん元首として把握した場合には、元首であるからということを理由に、天皇を敬うべしといったような、過去の元首天皇にまつわるさまざまな事柄が強調、復活される危険性がある。そうした状況のなかでは、天皇を元首とみる慣行が国内的にも成立しつつあることは、天皇の権威強化と必然的に結びついていくことになろう。

## 3　広汎な公的行為の展開

憲法によれば、天皇のなしうる行為は、「この憲法の定める国事に関する行為のみ」であるはずである（四条）。もちろん、憲法は公的制度としての天皇の権能を定めているのであるから、天皇の地位に就いている個人が私的に行う行為については、原則的に憲法は関与しないことになっている。したがって、天皇の行為には、公的な行為である国事行為と私的行為の二種類が区分されるはずである。

ところが、現実には、天皇は私的行為ではなく、さりとて国事行為でもない公的な行為を数多く行っている。たとえば、天皇は外国や日本に慶事や不幸があった場合に、外国元首と親書や親電を交換している。皇后とともに一九七〇年代に二度の外国公式訪問(訪欧・訪米)も行った。また、これまで天皇自らは参列したことはないが、一九五三年に皇太子がエリザベス英国女王の戴冠式に参列したように、しばしば皇族を天皇の代理である「ご名代」の名目で外国に派遣している。一方、外国から元首が訪日した場合に、晩餐会などを開催して元首を接受・歓迎しているが、もちろんこれは天皇の私的資格に基づく歓迎会ではなく、公的な行事である。国会の開会式に招待されて出席し、「おことば」を朗読することも憲法制定直後から慣習となっている。国民体育大会に出席して「おことば」を読んだり、植樹祭に出席して「お手植え」するのも、毎年の慣例である。同様に、八月一五日に全国戦没者追悼式で「おことば」を読んだり、国内で開かれる万国博やオリンピックの開会式に出席するのも、私的な行為ではない。各界で活躍する人びとを招待して春秋に行われる園遊会も、天皇家のパーティではなく、公的行事として位置づけられ、それは公的支出金である宮廷費でまかなわれている。天皇誕生日や正月慣例の一般参賀も、国内巡幸も、公的な行為とされている。また、閣僚は、栄典の授与にあたって天皇に叙勲者について説明を行うなど、国事行為と関連する事柄について天皇に説明を行っているが(宮内庁はこれを「内奏」と呼んでいる)、それに加えて、一九五二年頃より、国事行為と関連して参内した機会に、閣僚が所管事項を一般的に説明するのが慣例となっている。このほか、海外に出張したり帰国した場合に首相や外相が、国会終了後に衆参両院議長が、選挙終了後に自治大臣が、年末に都知事や警視総監が、年始に自衛隊幹部が、重大事件発生時に所轄大臣が、それぞれ天皇に報告することも行われている（宮内庁ではこれを「拝謁」と呼んでいる）。政府はこれら行為をすべて「内奏」と呼んでいるが、いずれにしても、「御進講」とは異なり、これらを天皇は私的資格で行っているわけではない。

これら公的な行為を憲法の上でどのように位置づけるか（違憲か合憲か）は、憲法第一章天皇をめぐる憲法解釈において最大の争点の一つとなっており、これまでかなりの論議が展開されてきたが、残念ながら学者の意見は一致していない。ここでは論議の詳細に深入りすることは避け、主要諸説の概略を示すに留める。

政府は、これら行為を、「憲法四条は、象徴としてではなく、国家機関としての天皇の行為を定めているのだが、天皇も自然人であり、自然人としての行動はある。それに、象徴としての地位が反映されて公的行為となるのだ」（一九七三年六月一九日衆議院内閣委員会における吉国内閣法制局長官の答弁要旨）などとして説明している。これは憲法学者の間において一時期有力であった「象徴としての行為」説とほぼ同様の見解である。この説は、天皇には国家機関としての地位、私人としての地位の他に、象徴としての地位が存在するとして天皇に三地位を認めた上で、人間象徴の動態における行為を「象徴としての行為」として把握し、国事行為・私的行為以外の第三の行為を認め、右にあげた諸行為がこれにあたるとするものである。

これに対し、近年有力になってきた説は、「公人としての行為」説である。この説は、知事や市長の鉄道開通式への出席などの例をあげて、一般に公人には法的権能とは別に儀礼的行為・事実行為が期待されているとして、天皇もこの例外ではなく、社交的行為が認められるとするものである。この説によっても、右の諸行為のほとんどは憲法上許されるものとなる。

これら天皇に三行為を認める説に対し、象徴に特別の法的意味を見出すことに反対し、天皇は国事行為を行うときのみ象徴であるとした上で、「『憲法の定める』国事に関する行為『のみ』」が憲法上天皇に公的に認められる行為であるとして憲法の文言を重視し、国事行為・私的行為の二行為のみを天皇に認める説がある。この説では、国事行為に含まれるとして構成できるものを除き、右の諸行為はすべて憲法違反の行為であり、本来行ってはならない行為だとされる。

これらの説のいずれが妥当であるか議論のあるところだが、象徴規定はなんら独立的・自立的法的効果をもたないので「象徴としての行為」といった独自の法的効果を導くことはできないこと、天皇は他の公人と異なりもともと儀礼的行為を行う権能しか認められておらず、しかも憲法はそれを憲法が明記するものに限定していること、などから、二行為説が合理的であるように思われる。

しかし、いまここで大事なことは、学説がどのようなものであれ、また、どの説が有力であれ、政府の承認の下に、現に天皇は第三の類型に属するこれら公的な行為を行っているという事実である。この結果、天皇が国民の前に公的資格で登場する場面は、きわめて広汎なものとなっている。そしてそれらはそれぞれに天皇の権威を高めることに役立っている。

たとえば国会開会式への出席のように、旧憲法的天皇観を再生産するものがある。旧憲法の場合には、議会の召集は統治権の総攬者たる天皇の大権に属しており、天皇はその立場で議会に臨み、議員を見下ろす場から勅語を読んでいたが、現憲法における国会開会式は議会が主催するものとなり、天皇はただそれに招待されて出席する立場であるに過ぎないにもかかわらず、現在も形式的には昔と同様の儀式が国会で行われ、天皇の「おことば」の前で、主権者国民の代表であり、国権の最高機関である国会の議員が、一部の議員を除いて、一斉に畏まって頭をたれている姿は、新旧の天皇の立場の相違を曖昧にするとともに、国民主権原理をぼかすことになっている。

同様に、旧憲法時代には、統治権の総攬者たる天皇に対して、その判断を仰ぐために閣僚や統帥部首脳が報告・説明する上奏ないし奏上と呼ばれる行為を行っていたが、現在行われている広義の「内奏」の慣行は、過去の上奏等を彷彿させ、天皇がいまなお統治の中枢にあるかのような印象を生み出している。ましてや、過去の天皇観を引きずっている人にあっては、「内奏」の際に天皇はただ報告を聞くだけではなく、質問したり自分の意見を述べるのであるから、「内奏」は単なる報告には留まらないことになる。そのいい例が、一九七三年五月末の「増原防衛庁長官内奏問題」である。五月二六日、駐スーダン大使等の認証式に侍立した増原防衛庁長官は、その機会を利用して裕仁天皇に、「当面の防衛問題」について約四〇分間報告したが、このとき天皇は、自衛隊は「近隣諸国に比べ自衛力がそんなに大きいとは思えない。国会でなぜ問題になっているのか」と政治的内容を含む質問をした後、「防衛問題はむずかしいだろうが、国の守りは大事なので、旧軍の悪いことはまねせず、いいところは取入れてしっかりやってほしい」と述べた(朝日新聞五月二七日による。なお、この事件が問題化した後の国会の政府答弁では、この発言はなかったことにされてしまったが、この処理の仕方自体が天皇を特別扱いするものである)。ところが、この発言を受けた増原長官は、天皇が自衛隊を激励したものと受けとめ感激し、早速に記者団に披露したため、天皇の政治的利用、天皇の政治的発言として問題化したのがこの事件である。この事件には多くの問題が含まれているが、いまここで問題にしたいのは、天皇の発言を権威あるものとして受けとる閣僚の存在である。この種の人たちにとっては、天皇の単なる私的発言も同様の効果を持つことが予想されるが、少なくともこうした発言を生み出す公的場を設定することは、この種の天皇権威化を再生産する絶好の機会を与えることになるし、また、こうした実態があることは、戦前の天皇を知らない人びとにも天皇を特別視し、天皇の発言を重視しなければいけないかのごとき印象を与えることにもなろう。

一方、万国博やオリンピックの開会式のような世界的な行事の場で、荘重に「おことば」を読み上げる天皇の姿は、天皇が日本国民を代表するものであり、世界も認める特別に重要な存在であるとの意識を国民に植えつけることになっている。

しかし、なによりも天皇の特別な存在性を国民に印象づける絶好の機会は、天皇が国民の眼前に身近に登場する場面である。たしかに、権威が維持されるためには、すべてが裸にされてはならず、隠された部分を持つことによってある程度の神秘性がかもし出される必要性がある。しかし、他方、国民があるものを権威として意識し続けるためには、その契機となる場を一定程度保障したり、そのものを象徴する物を開示することも必要である。その意味で、戦前の、天皇の肖像写真・画である「御真影」は、権威を維持・強化する一つの小道具であった。そして、天皇が定期的に、短い時間、儀礼的存在として国民の眼前に生身で登場することは、天皇の権威維持・再生産のためにも、強化のためにも、必要であるとともに効果的である。その点で、一般参賀において天皇・皇族が国民の前に登場することの意味も軽視できないのであるが、特に重視すべきは、毎年異なる地方で開催される国民体育大会や植樹祭への天皇の出席・「おことば」朗読・「お手植え」といった行為である。これらは、国体・植樹祭出席のための各地への天皇・皇后の旅行とそこでの地域住民との積極的な出会いとあいまって、天皇存在を国民に確認させる機会を定期的に作り出すものであり、したがってそれは、天皇が国民意識を統合する重要な場ともなっているのである。

このように、広汎にわたる天皇の公的な行為は、国事行為と同様に、いやある場合にはそれ以上に、国民に天皇を意識させる場として機能しており、結果として天皇の権威や統合機能を強めている。かつて一九五〇年代、社会心理的に国民を統合することができるだけの十分な「場」を日本国憲法は象徴天皇に与えているかとの疑問をある憲法学者(黒田覚)が提示したことがあった。憲法では天皇の君主的性格が不明確で、象徴として機能する「場」をほとんど用意していないので、天皇が憲法の枠のうちで国の象徴・国民統合の象徴として機能する可能性はほとんどないと言うのである。先に指摘したように(第一章参照)、憲法自体としては、天皇は国民統合を象徴するものではあっても、国民を統合するものではないと言える。しかし、社会心理的に、象徴天皇の存在が国民を統合するかどうかは、憲法解釈とは異なる社会的事実の問題である。その事実を問題にするとき、あるいは国事行為の場だけでは、天皇が国民を統合する機能を果たすには不十分であると言えるかもしれない。しかし、現実の広汎な公的行為の展開は、憲法の枠を大幅に拡げ、その結果、天皇は社会心理的に国民を統合する「場」を十分に保障されたと言うことができるのではなかろうか。

## 4　丁重に遇される地方旅行

戦後初期に天皇が各地を巡幸したとき、各地で天皇は歓迎の人波にもみくちゃになり、物理的にも天皇と国民の距離は縮まったように思われた。しかし、近年、天皇や皇族が、国体や植樹祭等に出席のため地方に旅行するときは、厳重な警戒態勢や過剰な対応が行われ、国民との距離も物理的に遠くなっている。

現人神《あらひとがみ》と考えられていた旧天皇が戦前に地方に行幸するときには、天皇を迎える地方当局は半年も前から準備にとりかかり、「陸軍特別大演習並地方行幸事務処理規定」などを作成して準備し、行幸当日は厳重な警備体制がとられるとともに、前科がある者や社会主義者・精神病者を監視し、天皇が通行する沿道の家の二階の雨戸を閉めさせ、洗濯物は撤去させるなどしていた。沿道で鹵簿《ろぼ》(天皇の行列)を迎える人びとも、土下座する者が多かったし、子どもたちは天皇を眺めると目がつぶれるから通過の際には頭をあげてはいけないなどと教えられたりした。そして、天皇の鹵簿を間違った道に案内したために、責任を感じて自殺を図った警部までいた。

しかし、現代においても似たようなことが行われている。すなわち、天皇を迎える各地では、県庁を中心として『行幸啓事務処理要綱』『行幸啓本部設置要綱』や『行幸啓のしおり』というたものが定められ、歓迎チームが組織化されるとともに、早い場合には天皇が来県する一年ほど前から、準備とリハーサルが繰り返し行われている。天皇のスケジュールは秒単位で決められており、遅れたり早くなったりすることがないように、何度も実際のコースで予行練習がなされている。食事の調理をする者には、一月以上前から検便がなされるが、そのほかの対応の面でも、しばしば漫画的なことが行われている。たとえば、一九六五年の山陽・山陰旅行の際には、駅前のうどん屋の看板が目障りだとして裏返しにさせたし、一九七一年に天皇が広島県を訪問したときには、天皇が満開の桜を見ることができるように桜の木に毎日ホルモン注射をしたり、沿道の仮設住宅の外見が見苦しいとして目隠しの板べいを建てたりした。また、精神病患者やアルコール中毒患者のリストが整備されたり、それらの者の拘束が行われる場合もある。そして当日には、天皇や皇族が通過する道路は、しばらく前から交通が遮断され、人びとが天皇に近づけない形で警備体制が敷かれる。その際、しばしば児童・生徒が歓迎のために「日の丸」を手に動員されたりもする。また、沿道の窓は、ある場合には開けさせ、ある場合には閉めるよう指導し、二階以上で仕事をする公務員には下を天皇が通過する時刻には机を離れないようにとの指示がなされることもある。一方、天皇来訪に反対するデモや集会などの集団示威行動は禁止され、そのための場所使用は通常不許可になる。

最近の実態を、皇族の例であるが（皇太子夫妻・浩宮など）、一九八七年、海邦国体が開かれた沖縄にみてみよう（「天皇来沖に伴う過剰警備一一〇番」の資料による）。このとき、沖縄では「アパート・ローラー作戦」（アパートを中心に各戸を警察官が訪問し、不審者を見つけ出す警察活動）が徹底的に展開されたが、小屋に住んでいた男が「浮浪者狩り」で精神病院に強制入院させられたりもしている。糸満市にある精神病院は皇族の来沖の一週間前から私服警官が監視し、見舞いに来た家族たちに質問を行ったり、受付で患者について聴取もした。また、戦争責任を扱った映画『ゆきゆきて神軍』上映会の会場では、警察官が車ナンバーをチェックし、活動家には尾行がつけられた。ある村では、方言を使うな・夜中に出歩くな・子どもにバットやボールを持たせるな・高い所から皇族を見下ろすな・二階の窓を開けるな、との要請を警察官が行った(警察は否定)。皇族が通過するため、国道から二キロも離れた場所での野球大会が中止にされ、高校野球部のピッチングマシンの管理状況もチェックされている。

さて、各地を天皇・皇族が訪問する際の、このような過剰接待・過剰警備、そして、天皇などを迎えて知事等が平身低頭する姿は、それを見る国民、とりわけ天皇について白紙の子どもたちに、天皇・皇族は普通の国民とは違う存在だとか、高貴な存在だとかの印象を当然残すことになるだろう。まして、歓迎のために動員された子どもたちが、天皇は敬うべき存在だと感性の上でとらえることになるのは確実である。

## 5 行政・立法の長に優越する天皇

天皇・皇室を特別視し、それらに最高度の敬意を払う態度は、現憲法の下でも多くの国民に踏襲されてきたが、近年でもその意識が強固であることはこれまで見てきた事例が示している。しかし、行政権・立法権の長との関係で近年起こった次の例ほど、その意識の残存・再生産を表すものはないだろう。

総理大臣・内閣とのからみで問題になったのが、「首相官邸じゅうたん事件」である。一九八三年、アメリカのレーガン大統領が訪日し、首相官邸で中曽根首相との間で会談が行われた。そこで、官邸にテレビカメラが入り、会談の模様が報じられた。ところが、テレビに映し出された官邸の床のじゅうたんの模様が、天皇家の紋章である菊の紋章と似ており、不敬であるなどとして、神道政治連盟などの民間団体がこれを問題にした。そのため、翌年の五月になって、多額の費用をかけて官邸のじゅうたんは全面的に張り替えられることになった。ここに見られる首相と天皇の関係では、どう見ても天皇が上位であり、また、天皇に関わるシンボルが、今も日本において権威的役割を果たしていることがわかる。

また、昭和天皇の病状が重くなったことを理由に、竹下首相が予定していた地方における辻立ち演説を中止したり、各大臣の外国訪問が中止になったことなども、実際に日本において天皇の占めている地位を示すものであった。昭和天皇「一周年祭」が予定されていたため、九〇年初頭の海部首相の外遊計画に制約が生まれたのも、同様の事態であったと言えよう。このように、天皇の存在は、重要な内閣の行動をも左右しているのである。

現憲法では国権の最高機関は国会である(四一条)。そうであるなら、国会の両院の議長は、最高機関を代表するものとして、公務員のなかにおいては最高の敬意が払われても不思議ではない存在である。ところが、衆議院議長をめぐって起こった最近の二つの事件は、衆議院議長よりも天皇がはるかに上位にあるかのごとき結果をもたらした。

先に天皇の公的な行為の例の一つとしてあげたように、天皇が国会の開会式に出席して「おことば」を読む慣行が成立している。この開会式は、参議院本会議場で、衆参両議員を集めて行われるが、招待される立場の天皇の座は、正面中央の一番高い所に設けられている。天皇がその高い場所で「おことば」を朗読すること自体が、天皇の権威を高めることはすでに述べたが、その後の儀式も同様の効果を持っている。すなわち、天皇の「おことば」朗読が終わると、式を主宰する衆議院議長が(国会法九条)、天皇の前の階段を昇って、高い位置にいる天皇から「おことば」書を受け取ることになっている。従来、この階段は、二段昇って踊り場があり、さらに五段昇って天皇の座があるという体裁であり、階段の踏面の幅は約三〇センチであった。衆議院議長は、「おことば」書を受け取った後、天皇に背を向けないように後ずさりして五段の階段を降りることになっていた。

最初の事件は、一九八五年一月二一日、二五日に行われる予定の開会式に備えるリハーサルで起こった。このとき、福永衆議院議長は、当時健康状態が良くなかったせいもあって、「おことば」書を受け取って正面階段を後ろ向きに降りる際によろめき、職員に支えられることになった。そこで、自民党の中から(政争もからんでいたが)福永議長では天皇の先導等で支障をきたすとの声が起こり、結局、福永議長は辞任に追い込まれたのである。この事件は、天皇に失礼だということが、国権の最高機関の一つの柱である衆議院議長の進退を左右することになるということを意味している。これが国民主権原則の趣旨に反していることは明らかである。

第二の事件は、二年後の一九八七年七月六日に起こった。このとき、右の事件が契機となって、八五年末に問題の階段は改修され、床面から踊り場までは六段、その上の後ろ向きで降りなければならない階段は三段となり、踏面の幅も約二倍の六三センチとされていた。このたびは本番である臨時国会開会式であったが、原衆議院議長は、上気したせいか、最上段まで階段を昇らなかったため、両手で受け取ることになっている「おことば」書を片手で受け取る形になり、そのためますます狼狽したのか、階段を降りた際の天皇に対する礼を行わなかった。そこで自民党内の国家基本問題同志会の面々から、「天皇への礼儀を失する」として非難の声が上がったが、このたびは議長が謝る形で問題の決着をみたと言われている。しかし、天皇に対して衆議院議長が平身低頭し、無礼があってはならないという事実は、この事件でいっそう定着したのである。

これら二事件を見るとき、思い出されるのは、現憲法施行後すぐの時期に起こった「カニの横バイ事件」である。国会の開会式に天皇が出席する際に、両院・正副議長が天皇を出迎え、拝謁する慣行は、帝国議会のときと同様にこのときも行われていたが、この拝謁にあたっては、天皇の前に出る場合には直進せず斜行し、天皇の直前で一礼し、直進して最敬礼し、その後、天皇に背を見せるのは不敬であるとして後ずさりして一礼し、また斜めに後ずさりするという作法がとられていた（現在は簡素化されている）。この斜行および斜めの後ずさりの恰好には、まさにカニの横バイを連想させるものがあった。ところが、一九四八年一月二一日、第二通常国会の開会式の際に、天皇を出迎えることになっていた参議院副議長松本治一郎（社会党）は、「人間が人間をおがむようなばかなことはできんよ」と言って、拝謁を拒否した。これが「カニの横バイ事件」と呼ばれる事件である。松本は、被差別部落出身であり、戦前の水平社運動の指導者であるとともに、戦後も部落解放委員会やそれが発展した部落解放同盟の指導者としてその死亡時まで人間解放のために闘い、「貴族あれば賤族あり」と喝破した人物だけに、この行動は見事である（もっとも、この行為を不快とした天皇崇拝者・吉田首相は、GHQに働きかけ、松本を公職追放に追い込み、五〇年一〇月の大量解除でも松本を除外した）。

戦後すぐの「カニの横バイ事件」の松本のような行為を、まだまだ多くの日本人は現在もとることができないのであるが、衆議院議長をめぐる二つの事件は、多数党の議員ひいては政府が、当時の政府等と同様の意識をいまも維持していることを示すものであった。国権の最高機関にこうした意識が蔓延し、その意識に基づく慣行が継続される限り、天皇の権威強化に国会は大きく手を貸していると言えよう。

## 6　シンボルの活用

旧天皇制にまつわるシンボル・儀式の活用・復活や、天皇に関わる新たな儀式の挙行なども、天皇の権威を強化するのに役立っている。

**建国記念の日**

国民の一部の強い反対を押し切って、一九六六年、「建国をしのび、国を愛する心を養う」ことを趣旨とする「建国記念の日」が新たな国民の祝日として制定された。しかもその日が、政令によって、神武天皇の即位を祝う日であるとされていた旧「紀元節」の二月一一日と定められたことによって、制定当時の政府による紀元節との関係否定にも拘わらず、この祝日は単に抽象的に建国をしのぶ日であることはできなくなり、実際には天皇と結びつけられて意識され、またそのようなものとして祝われることになっている。

実際、一九六七年の最初の「建国記念の日」には、神武天皇の宮があったという橿原《かしはら》市の市長は、神武天皇に扮して行進し、この日を祝したのであった。また、七八年から総理府が、八一年から文部省、八三年から自治省が後援していた、建国記念日奉祝運営委員会主催の「建国記念の日奉祝式典」でも、この日は当然に神武天皇と結び付けられており、たとえば七八年の式典では黛敏郎会長が「きょうは、神武天皇が橿原の宮に即位の式をあげられ、日本の国がはじまったということを国民こぞって祝う記念すべき日」と述べ、わが国は「万世一系の皇室をいただく世界に誇るべき成り立ち」をもつなどと挨拶したし、八二年の式典では「紀元節」の歌が流され、君が代を斉唱し、「日の丸を通し、神武天皇の御陵に拝礼」との司会者の言葉で全員が拝礼し、「神武天皇の建国の理念は八紘一宇《はっこういちう》で……八紘一宇こそ真の平和主義の理念だ」などと黛会長は述べている。

八五年からは(外務省も後援)、首相が出席できるような体裁を整えるため、建国記念の日を祝う会主催の国民式典に切り替わったが、中曽根首相が出席したこの式典でも、君が代が斉唱され、五島昇会長の挨拶では神武天皇への言及があり、宇佐見同盟会長の発声によって「建国を祝し、天皇陛下の御長寿を祈り」万歳三唱が行われており、この日と天皇の存在は結びつけられて捉えられていることに変わりはない。海部首相ほか政府関係者・衆参議長や外交団が出席して行われた最近の九〇年の式典においても、大槻文平代表理事は、「今日が神武天皇即位の日であり、記紀にもさかのぼることのできる日をもっていることを嬉しく思う」と式辞を述べている。

このように半ば公的色彩を帯びている国民式典で、この日が神武天皇の即位を記念する日として祝われていることは、現在の日本の建国が天皇の即位にあることを前提としており、旧「紀元節」と同じ性格が与えられることになっているが、その結果、それは天皇を、首相を先頭に国民が敬仰する式典ともなっている。

この国民式典に飽き足らず、日本の建国を祝う会など民間団体で構成される奉祝実行委員会が主催して行っている式典では、この点はより明確で、たとえば九〇年のそれでは、橿原神宮遥拝が行われ、「紀元節」が合唱され、「万世一系の天皇をいただくことを誇りとして」いこうなどとの挨拶がなされ、「聖寿万歳」が行われている。同様に、全国各地で行われている奉祝行事も、同質の性格のものとして行われており、「建国記念の日」は全国的な天皇賛美の日となっている。

## 元号

時間を計る単位として、中国にならって日本で元号(年号)が作られたのは、六四五年に孝徳天皇が大化の年号をたてたのが最初だと言われている。その後一時期の中断を経て、七〇一年に文武《もんむ》天皇が大宝という年号をたてて以来、歴代の天皇は年号を制定することを慣例としてきた。年号が制定される契機は、当初はめでたいときの「祥瑞《しょうずい》改元」であったが、後には天皇即位の際の「代始改元」、災害等のときの「災異改元」、変革の年と考えられた辛酉《しんゆう》・甲子《かっし》の年の「革年改元」が行われたが、すべて、時間を統制する主体としての天皇が制定をおこなってきた。

ところが、明治維新後の一八六八年の行政官布告によって年号制の伝統を根本的に改変し、代始改元のみを行うこととし、天皇一代一元号の「一世一元制」を定め、一八八九年制定の皇室典範はこれを確認し、一九〇九年の登極令は制定手続を定めるとともに制定の時期を践祚《せんそ》直後とした(従来の伝統は践祚の翌年に改元する踰年《ゆねん》改元であった)。しかし、「一世一元制」によって、天皇の統治期間と元号は不可分のものとなり、統治権の総攬者たる天皇が時を支配するという色彩はいっそう顕著となり、元号を使用することによって国民は、無意識の中に天皇支配を確認していくことになっていった。

しかし、日本国憲法の制定によって旧皇室典範や登極令は廃止される一方、新皇室典範は元号についてなんの規定も設けず、元号の法的根拠はなくなった。なによりも、国民が主権者となり、天皇の地位が根本的に変革したことによって、天皇の支配と不可分な「一世一元制」はその正当性を失ったと言えよう。もっとも、当時の政府は、「国体」の変更を認めようとしない態度であったから、元号を廃止する意図はなかったし、また廃止する必要性も感じておらず、元号法を制定することによって元号制を維持しようとしていた。そして、いったんは元号法案(その内容は、現在の元号法とほとんど同じ)を一九四六年一一月九日に閣議決定したが、「元号は天皇の在世と結びついたもので、その使用は天皇を一つの権威として扱うことになり、憲法の精神から好ましくない」との趣旨のGHQの反対によって、立法化は実現しなかった。現在から見ても、このGHQの見解はきわめて妥当であるが、政府はこれ以後も公式文書において「昭和」を年号として使用し続けたし、国民のほとんども抵抗感なく用い続けた。その意味では、戦後も天皇を権威あるものとして意識し続けてきたとも言えるが、国民の多くにあっては、二〇年以上にわたって使用してきたことからくる惰性の部分があったことも否定できないだろう。

ともあれ、昭和元号の使用は慣習的・惰性的に行われるとしても、新元号の制定を根拠づけるものはなにも存在しない状態が続くことになった。一九六一年に総理府に設置された「公式制度連絡調査会議」でも、元号は検討事項の一つであったが、特別の進展は見られないままであった。ところが、一九六八年春に神社本庁が衆参両院議長に一世一元法制化の要望書を提出することによって、元号法制化が現実的に動き始めた。特に、「天皇在位五十年記念式典」の頃から、次の天皇のときに元号がどうなるかの不安が意識されるようになり、全国各地で元号法制化の動きが活発化し、地方自治体の議会で法制化推進決議がつみ重ねられていったが、こうした動きを背景として、七九年に元号法が制定され、同年六月一二日に公布・施行された。

この法は、元号は皇位の世襲があったときに定めるとして実質的に「一世一元制」を採用し、「昭和」を当時における元号と確認したが、元号の制定は政令で行うと規定することによって、天皇が元号を制定するという伝統を改め、内閣が元号の制定権者となった。その際、元号の制定にあたって、予め天皇の意見を聞く(御聴許)といった手続を、もとよりとる必要はないし、またとるべきではない。この点で、時を決めるものとしての天皇の地位は失われたが、「一世一元制」の採用によって元号は天皇の在位と不可分となり、かつてと同様に、元号の使用のたびに国民はいやでも天皇の存在を意識させられることになった。そして、明仁天皇の即位によって新元号が制定・使用されるようになって、ともすれば惰性的使用に流れがちであった昭和元号の場合とは異なり、慣れない新元号を用いるたびに天皇の代替わりを再確認させられる意味もあって、むしろ元号が国民意識にもたらす効果は「昭和」よりも今日の方が大きいとも言える。

しかし、時を計るのに天皇の在位をもってすることは、天皇が主権者であった時代はともかく、国民主権の下では妥当な制度ではない。このような制度をとることは、私たちが天皇を上に戴いているかのごとき幻想を生み出し、「天皇の代である日本」といった間違った印象を与えることになろう。

ともあれ、元号は単なる時を計る単位ではない。それは「天皇と国民とを結びつける巨大なきずな」であり、元号に反対するのは「天皇と国民との強いきずなを断ち切ってしまおうとする意志の表れ」であり、「元号法制化運動の一番根源的な問題は、天皇と国民の紐帯《ちゅうたい》をより強化する、天皇の権威をより高からしめるというところに一番の眼目がある」と、元号法制化推進論者たちが考えていたことを確認しておこう(『元号――いま問われているもの』より引用)。「すべての日本人が過去を記憶し、未来を想ふ時に、たれもかれも天子さまの御在位に直続する一世一元制によって、『時』を意識するといふことは、国民意識統合の上で、極めて間接的ではあるが、非常に大きな作用をする」(神社新報一三九九号)のである。

なお、元号法が制定されるときに、政府は、公的機関の窓口業務においては、従来と同様に国民の協力は要望するが、国民に元号使用を強制するものではないと断言している（三原総理府総務長官談話）。また、後の国会答弁において、公的機関も元号を使用すべき義務はないと明言している（一九八七年四月一〇日参議院本会議答弁書）。しかし、現実には、窓口での申請書等には元号が印刷されており、わざわざこれを書き換えるにはかなりの抵抗感があるので、「協力」の名目で、元号の使用が半ば強制されていると言える。

### 日の丸・君が代

「日の丸」と「君が代」は、大日本帝国を象徴するものであり、旧憲法下において、天皇制を強化し、天皇を軸として国民を統合するための補助的道具として使用された。そして、今またそのようなものとして使用するため、それらが強調されるようになってきた。

「日の丸」を一般的に国旗と定めた法規範は戦前にもなかったし、現在も存在しない。ただ、一八七〇年一月二七日の太政官布告五七号が郵船商船が掲揚すべき「御国旗」として「日の丸」を定め、同年一〇月三日の太政官布告六五一号がそれを海軍国旗と定めているに過ぎない。そもそも、両者において規格・寸法が異なっているし、「日の丸」の色彩が朱色であるか、紅色あるいは赤色であるかさえ不明である。このため、一九三一年に「大日本帝国国旗法案」が帝国議会に提案されたが、これは成立していない。

しかし、一八七二年に政府が、祝祭日に国民も国旗をあげてよいとしたときには、「日の丸」を前提としており、実際にこれ以後、「日の丸」は日本の国旗として国民に意識され、掲揚されるようになっている。たとえば、一九二〇年の『尋常小学修身書巻四』においても、「日の丸の旗は、我が国の国旗でございます」と断言されている。そして「日の丸」は、儀式のとき、戦勝のとき、天皇の登場のときなどに、大日本帝国の象徴として掲揚されたり、うち振られたりしたのであった。そして「君が代」を仰ぐ国民は、そこに万邦無比たる神国日本や、神聖不可侵の天皇の姿を感じとったのである。

この「日の丸」は、敗戦後、GHQの命令によっていったんは掲揚が一切禁じられたが、一九四七年に国会議事堂・最高裁判所等につき一部解禁され、四八年三月には一二の国民祝祭日における掲揚が、翌四九年一月一日には国内について全面的に自由となり、日本が独立を回復する直前の五二年四月三日より公海・海外でも掲揚が自由となった。

日本が占領されているとき、あるいはその直後の五〇年代においては、アメリカ軍の支配下にあった沖縄においてそうであったように、「日の丸」はむしろ民族的独立を象徴するものとして意識され、占領軍に対して抵抗の意志を表現する側面がないわけではなかった。しかし、経済復興を遂げ、民族的自信を回復した六〇年代以降になると、「日の丸」は復活した大国日本を象徴するものとなり、それとともに過去の日本のもろもろの伝統を象徴するものともなり、天皇を中心とする日本を表すものとして扱われるようにもなっていった。そのため、「日の丸」を強調する者の多くは復古主義者や天皇崇拝者のなかに見られるようになり、逆に「日の丸」に否定的態度を示す者は革新主義者に多くなった。

白地にアカ丸というデザインの「日の丸」は、アカ丸が太陽を表すために、天照大神が太陽神であるところから、天皇と関係があると言えないわけではないが、「君が代」とは異なり、直接的には天皇とは関係がない。したがって、「日の丸」が、そのデザインからして、日本国憲法に矛盾すると言うことはできないだろう。しかし、「日の丸」が象徴してきたものは大日本帝国であったこと、「日の丸」はその下での侵略戦争を多くの人、とりわけアジア民衆に想起させること、「日の丸」は実際の場では「君が代」と一体となって使用されてきたため天皇統治を思わせること、などを考えれば、国民主権原則に立脚する新生・日本国の国旗としては妥当でないとの批判が出てくるのは当然である。

ともあれ、国旗というものはどのようなものであれ国民を統合する機能を持っているが、

「日の丸」はそれに加えて、大日本帝国の象徴として用いられてきた過去の歴史や、「君が代」と不可分的に使用されている現実があるため、いまの日本で「日の丸」を使用することは、天皇を中心として国民がまとまる傾向を強める働きをする。その意味で、一九六四年の東京オリンピックなどを契機として、「日の丸」の掲揚が強調されるようになっているが、それは天皇を中心とした統合の動きを有力に補完するものである。

「君が代」も、法制の上で一般的に国歌とされたことはない。「君が代」は古今集などにも記載されている「わがきみは……」の古歌をもとに、林広守が作曲し海軍軍楽教師エッケルトが編曲し、一八八〇年一一月三日の天長節に初めて宮中で演奏されたものであるが、当初はこれは国歌とは考えられておらず、九三年の文部省告示三号の「小学校ニ於テ祝日大祭日ノ儀式ヲ行フノ際唱歌用ニ供スル歌詞並楽譜別一冊一通選定ス」においても、その筆頭に収録されてはいたものの、国歌とはされていない。同様に、一九〇〇年の小学校令施行規則、四一年の国民学校令施行規則においても、紀元節・天長節・一月一日には「君が代」を合唱することとされてはいるが、国歌とは定めていない。そして戦前の教科書でも、これを国歌と記載したのは、三七年の『尋常小学修身書巻四』だけである。しかし、実際には、オリンピックなど国歌が登場すべき場では「君が代」が国歌として使用されるようになり、国民の意識においては「君が代」は国歌として定着していった。

敗戦後、GHQは特に「君が代」を禁止することはなかったが、一時期はほとんど歌われることはなくなっていた。しかし、これも日本が独立を回復する頃から使用されることが多くなり、五二年にはNHKが放送開始時・終了時に「君が代」を流しはじめ、大相撲の千秋楽や国体の開会式では「君が代」を歌う慣行が生まれた(このため、一時期の子どもたちは「君が代」をお相撲の歌と思い込んでいた)。そして、オリンピックの優勝者表彰など国歌が使われる場では、「君が代」が当然のごとく使用されるようになり、国民の多くは、現在、「君が代」を自然に国歌として理解するようになっている。

国歌は、一般的に、これを一斉に歌ったり、それを聞いて起立する動作等を通して、参加者に一体感を醸し出し、統合する働きをするものであるが、「君が代」の場合には、同時に天皇による統合を強く意識させることになる。それは実質的に国歌として歌われるようになってきた明治以降の「君が代」においては、その「君」は天皇を指すものとして理解されてきたからである。そして「君が代」を歌う意義は、次にあげる、先の三七年の修身書の記述に明確に示されている。

「君が代」の歌は、「我が天皇陛下のお治めになる此の御代は、千年も萬年も、いやいつまでもいつまでも続いてお栄えになるやうに。」といふ意味で、まことにおめでたい歌でありますす。私たち臣民が「君が代」を歌ふときには、天皇陛下の萬歳を祝ひ奉り、皇室の御栄えを祈り奉る心で一ぱいになります。

このように天皇の治世と不可分の歌が、国民主権原則をもととする現在の憲法社会において、不適当であることは明らかである。そもそも、現在の日本は「天皇のお治めになる代」でもなければ、「天皇の代」でもなく、「国民の治める代」であり「国民の代」である。したがって、この歌総体の解釈はともかくとしても、「君が代」との言葉だけで、この歌詞が憲法に違反する内容のものであることも明らかである。また、「君」を「敬愛する人」などと解して、それは「国民と天皇を指す」などとすることには無理があるし、現在の文部省もそうした解釈はとっていない。そうしてみると、「君が代」は現憲法の下での国歌としてはまったく不適当な歌で、それを公的に歌ったりすること、ましてやそれを強制することは違憲であると判断される。

しかし、憲法的な評価はともかく、後にふれる学校現場を中心として、「日の丸」「君が代」が使われる場はこのところ多くなっている。国体でも、プロ野球の日本シリーズでも、博覧会でも、コンサートでも、「日の丸」が掲げられ、「君が代」が演奏または歌われている。その場で、起立せず、唱和しない態度を貫くことには、かなりの勇気が要求されるし、周囲からの冷視に耐える覚悟がいる。こうして、多くの人は、「日の丸」の掲揚になれ、「君が代」を歌うようになっていく。また、八九年の成田市に見られたように、いくつかの自治体では、公費で「日の丸」セットを購入し、配布することまで行う時代になってきている。そしてそれは、これまで指摘してきたように、天皇による国民の統合がそれだけ進展していることでもあるのだ。

**菊花紋章**

平安時代頃から「菊花御紋章」が皇室の紋章となったと言われているが、旧憲法時代には、一九二五年の「皇室儀制令」によって正式に「一六葉八重表菊形」が天皇をはじめとする天皇家の紋章と規定されるとともに、一八六八年の太政官布告によって、国民によるそれや類似紋章の使用の取締りが行われていた。一方、天皇と関わりのある建物などには菊花紋章が掲げられており、たとえば、天皇の名によって裁判を行う裁判所には、その権威を示すものとして菊花紋章が燦然《さんぜん》と輝いていた。

一九四七年一二月三一日に太政官布告等が効力を失った後は、紋章を規定した法令は存在しないが、商標法は菊花紋章の商標については商標登録を受けることができないと定め、暗に天皇家の紋章の存在を認めている。しかし、菊花紋章を国民が使用することを制限する法令は存在しないので、自由に使用ができるはずであるが、先に紹介した首相官邸のじゅうたんの例に典型的に示されているように、天皇家の菊花紋章に類似したものを国民が使用した場合には、天皇崇拝者からの批判を受けることになろう。

他方、菊花紋章には、現在、公的意義はまったくないはずであるのに、公的場面で使用されることがある。特に、パスポートの表紙に菊花紋章が使われていることは、あたかも私たち国民が天皇の臣民で、天皇に包み込まれているような印象を生み出している。

### 在位五十年・六十年式典

一九七六年一一月一〇日には「天皇在位五十年記念式典」が、一九八六年四月二九日には「天皇在位六十年記念式典」が、それぞれ政府主催で行われた。

前者は、東京・九段の日本武道館で、天皇・皇后、皇太子夫妻など皇族、三木首相、前尾衆院議長、河野参院議長、藤林最高裁長官、在日外交団代表など約七五〇〇人を集めて開かれ、奉祝音楽があり、首相等のお祝いの言葉、天皇の「おことば」、万歳三唱などがあった。当日、各省庁は「日の丸」を掲揚し、午後は公務に支障のない範囲内で職員の退庁を認め事実上「半ドン」にするとともに、各公署・学校・会社等にも同様の協力が求められた。そして、式典後の一一、一二日の午前・午後には、皇居豊明殿で計約二〇〇〇人を招待して茶会が開かれた。また、記念切手が発行されたり、記念たばこ・切符が売り出されたり、記念百円硬貨が発行されたりし、米軍から返還された立川基地跡には昭和記念公園が作られた(開園式は八三年一〇月末)。しかし、この式典には反対の意見も強く、社会党・共産党などは式典に欠席し、また、反対デモも行われ、「半ドン」もまちまちで、全体として大きな盛り上がりを見せるにはいたらなかった。

後者は、東京・両国の国技館で、天皇(皇后は欠席)、皇太子夫妻、中曽根首相、坂田衆院議長、木村参院議長、矢口最高裁長官、在日外交団代表など約六〇〇〇人を集めて開かれ、首相の式辞、衆参議長等の祝辞、東京放送児童合唱団の合唱、天皇の「おことば」があり、首相の音頭による「天皇陛下万歳」三唱で幕を閉じた。一方、全国各地では、遺族会や神社関係者などが中心となって「奉祝式典」や「記念式典」が開催されたり、ちょうちん行列が行われたりした。また、当日の国立美術館・博物館は無料公開となり、記念切手、記念金貨も発行された。しかし、このたびも、厳しい財政事情もあって慶祝気分は盛り上がらなかったし、中曽根首相の政治的思惑で一一月ではなく四月に式典が設定されたことについては、式典賛成者の間でも批判の声が強かった。しかも、式典反対の集会やデモもあったため、東京都心は三万人の警官で厳戒体制がとられ、奉祝ムードは沸き上がらなかった。

このように二つの式典は、いまひとつ盛り上がりに欠けたが、しかし、旧憲法の天皇と現憲法の天皇の在位期間を合算して、「在位五十年」「在位六十年」としたことは、両天皇制度の相違を曖昧にし、天皇制度の連続性の印象を強めることになった。だいたい、天皇の地位も権能も根拠も異なるのであるから、憲法の観点からは、こうした通算は行うべきではなかったのだが、この結果、それは現天皇制度に旧天皇制の天皇像をダブらせる効果を生んだのである。

**肖像**

大日本帝国憲法時代、各学校には天皇の写真である「御真影」(そこに使われた明治天皇の肖像については、多木浩二『天皇の肖像』参照)が下賜されたが、それは特別に尊いものとして取り扱われ、学校の火事でこれを焼失したために自決した校長もあったし、そのためこれを安置する奉安殿が設置されたりもした。同様に、天皇の肖像をむやみに使うことは不敬であるとして、切手にも天皇の肖像は使用されることはなかった。

現憲法の下でも同様の事態が続いている。これまで、天皇の肖像を使用した日本の天皇切手(外国発行のものはあるが、これには日本政府が抗議している)は一枚も存在せず、わずかに皇太子成婚切手（五九年）が発行されているだけである。これは、天皇は元首ではないから切手の図案として適当でないという趣旨からそうなっているのではなく、破損する恐れがあるとか、消印で天皇の肖像が汚れるとかといった、かつてと同種の、それを不敬とする意識からそうなっているのである。九〇年秋に発行される即位記念硬貨においても、当初は十万円金貨に新天皇の肖像を使用する計画もあったが、結局見送られることになった。

このように、現在でも、天皇の肖像を使用することには抵抗があり、天皇を特別な権威的存在としてとらえる傾向が一般的である。

## 7 天皇を敬愛する心を養う学校教育

「教育勅語」が出された頃の明治中期に日本に滞在していた語学者チェンバレンは、当時の日本において天皇制意識の形成が学校を中心として精力的に行われていることを目撃して、「天皇崇拝」という「日本の新しき宗教」の「新しい布教の大要塞ともいうべきものは学校である」と指摘したが（『日本事物誌』）、学校は現在においても天皇を崇拝する意識を国民に注入する有力な場となっている。

## 教育勅語の排除と実質的復活

もともと日本国憲法が施行された直後（一九四七年八月）に発行された、中学用社会教科書『あたらしい憲法のはなし』のときから、天皇のとらえ方には問題があった。この教科書は、憲法九条を徹底的な非武装を定めたものとして記述していることによって現在でも評価が高いが、天皇に関する部分では、「こんどの戦争で、天皇陛下は、たいへんごくろうをなさいました」との記述に見られるように、天皇を戦争の被害者としてとらえ、責任を天皇を輔弼した者に負わせるとともに、象徴天皇を「私たち日本国民全体の中心としておいでになるお方」とした上で、「天皇陛下を私たちのまん中にしっかりとお置きして、国を治めてゆくについてごくろうのないようにしなければなりません」として、あたかも天皇のために政治が行われるかのような書き方をしていた。また、天皇については敬語を使用し、「日の丸」を国旗と断じていた。

しかし、憲法の精神に則った教育基本法の制定や、一九四八年六月一九日の衆議院・参議院それぞれの決議による、戦前の天皇制教育の軸となってきた「教育勅語」の排除ないし失効確認によって、天皇中心的教育は根本的に排除されることになり、民主教育が実施され始めた。

国定教科書制度の廃止や公選制の教育委員会制度なども、この教育の民主化に貢献した。もっとも、天皇を「道徳的中心」とした一九五一年の天野貞祐文部大臣の『国民実践要領』のような逆流はあったし、五〇年代には教育委員も任命制に変わるなど、日本が独立を回復する頃から「復古」的な動きはあったが、天皇を崇拝する教育が主流になってくるのは六〇年代後半からであった。

教育勅語的発想の実質的復活を端的に示したのは、一九六六年一〇月三一日に答申された、中央教育審議会の『後期中等教育の拡充整備について』の一部をなす『期待される人間像』である。その内容は、多方面から批判を浴びたものの、実際の教育においては、それが天皇に関する基本的な考え方として定着させられようとしていると思われるので、関係部分を引用しておきたい。

二　象徴に敬愛の念をもつこと

日本の歴史をふりかえるならば、天皇は日本国および日本国民統合の象徴として、ゆるがぬものをもっていたことが知られる。日本国憲法は、そのことを、「天皇は、日本国の象徴であり日本国民統合の象徴であって、その地位は主権の存する日本国民の総意に基く。」という表現で明確に規定したのである。もともと象徴とは象徴されるものが実体としてあってはじめて象徴としての意味をもつ。そしてこの際、象徴としての天皇の実体をなすものは、日本国および日本国民の統合ということである。しかも象徴するものは象徴されるものを表現する。もしそうであるならば、日本国を愛する者が、日本国の象徴を愛するということは、論理上当然である。

天皇への敬愛の念をつきつめていけば、それは日本国への敬愛の念に通ずる。けだし日本国の象徴たる天皇を敬愛することは、その実体たる日本国を敬愛することに通ずるからである。このような天皇を日本の象徴として自国の上にいただいてきたところに、日本国の独自の姿がある。

この文章は、しかし、いろいろな問題を含んでいる。そもそも現憲法の象徴規定は、過去の天皇のあり方を積極的に肯定して、それを明確に規定したものではない。また、日本国を愛する者が、日本国の象徴を愛することは「論理上当然」ではない。平和を愛する者が、平和の象徴たる鳩を愛することは論理上当然とは言えないことからも、そのことは明らかである。同様に、鳩への愛をつきつめていっても、平和への愛に通じるとは言えないから、天皇を敬愛することが日本国を敬愛することに通じるとは限らない。そして、天皇を「自国の上にいただいて」いるという発想は、現憲法の国民主権原則からは妥当ではないであろうし、それが「日本国の独自の姿」と言うにいたっては、かつての「万邦無比の国体」論を思わせるものがある。

このように、『期待される人間像』の天皇観にはかなりの問題があるが、以下でも指摘するように、教科書検定等を通して、この内容が実質化していると言える。そして、一方では、忠孝を中核として、「天地と共に窮《きわまり》ない皇位の御盛運をお助け申し上げる」(一九三一年『尋常小学修身書巻六』)ことを国民の務めと論じた「教育勅語」自体の復活を図ろうとする動きも顕著となってきた。すなわち、一九七九年九月に神社本庁では「教育正常化運動の方針」を定めたが、そこには「教育勅語を奉戴し、国民道徳を昂める教育を推進すること」があげられており、これを受けるかのようにいくつかの地方自治体では、「伝統の尊重」=「皇室の尊重」を意図した「教育基本法改正要望決議」が行われるようになっている。

## 学習指導要領における天皇

一九五八年にはじまる官報告示化によって、文部省の作成する「学習指導要領」には法的拘束力があるとされている(「伝習館判決」最高裁判所一九九〇年一月一八日判例時報一三三七号三頁も、その法的拘束力を認めた)。そして、その学習指導要領において、天皇を特別の存在として子どもたちに教えることが求められている。

一九五五年の小学校の学習指導要領においては、ただ「天皇の地位を明らかにすること」が要求されていたに過ぎなかったが、一九六八年告示のそれは、「天皇についての理解と敬愛の念を深めるよう指導することが必要である」と、天皇を敬愛する心を養うことをはっきりと目標として定めた（第六学年社会）。そして、その後、七七年学習指導要領などではいったんはそのような明示は消えていたが（もっとも、八二年に学習指導要領の解説である文部省編集の『指導書・社会編』の小学校用が補訂され、六八年の記述がその中に取込まれている）、一九八九年の学習指導要領は、ふたたび、「天皇については、日本国憲法に定める天皇の国事に関する行為など児童に理解しやすい具体的な事項を取り上げ、歴史に関する学習との関連も図りながら、天皇についての理解と敬愛の念を深めるようにする」ことを小学校第六学年社会で定めたのである。また、中学校の社会・公民分野では、天皇に対する敬愛についてはふれないものの、「日本国憲法が基本的人権の尊重、国民主権及び平和主義を基本的原則としていることについての理解を深め、日本国及び日本国民統合の象徴としての天皇の地位と天皇の国事に関する行為について理解させる」として、三大基本原則に準じるものとして天皇の地位や国事行為を位置づけ、天皇の存在意義を強調しようとしている。

## 儀式における君が代・日の丸

天皇に対する敬愛の念の醸成は、学校儀式における日の丸・君が代の使用と連動している。すでに、一九五〇年一〇月、当時の天野文部大臣は、「祝日には国旗を掲げ、国歌を唱和することが望ましい」と発言し、これを受けて文部省は、地方教育委員会や都道府県知事・国公私立大学長宛てに同趣旨の通達を出していたのであるが、一九五八年の小学校および中学校の学習指導要領は、初めて、「国民の祝日などにおいて儀式などを行う場合には、児童に対してこれらの祝日などの意義を理解させるとともに、国旗を掲揚し、『君が代』を斉唱させることが望ましい」と明記した。ここではいまだ「君が代」は国歌と明言されていなかったのだが、一九七七年の学習指導要領では、「君が代」は国歌として広く定着したとして、「国旗を掲揚し、国歌を斉唱させることが望ましい」(特別活動)と改められた。もっとも、ここでも国旗掲揚義務や国歌斉唱義務は定められていなかったのであるが、全国の学校では、教育委員会の強い指導もあって、教師の反対を押し切って校長が職務命令で「日の丸」の掲揚や「君が代」の斉唱を強行することが多くなっていった。そして、福岡県のように、「君が代」を歌った職員と歌わなかった職員を教育委員会が校長にチェックするように指示したり(八四年)、教員採用試験の面接で「日の丸」掲揚等について質問するところ(北九州市)まで現れた。また、多くの県では、国旗掲揚台が新たに設置されたりもした。

しかし、それでも、「日の丸」を掲揚しなかったり、「君が代」を斉唱しない学校は全国的に結構存在した。たとえば、一九八五年九月五日に文部省が公表した全国調査結果によると、全国平均で、卒業式における「日の丸」掲揚率は、小学校九二・五％、中学校九一・二％、高校八一・六％、入学式におけるそれは、小学校八九・九％、中学校九〇・二％、高校八一・三％であった。また、「君が代」斉唱率は、卒業式で、小学校七二・八％、中学校六八・〇％、高校五三・三％、入学式で、小学校四六・四％、中学校六二・三％、高校四九・〇％とかなり低率であった。しかも地域によって格差が激しく、徳島・愛媛・鹿児島では「日の丸」「君が代」ともに一〇〇％であったのに対し、沖縄では「日の丸」が小学校・中学校で約七％、高校で〇％、「君が代」は全校で〇％であった。

そもそも文部省がこのような調査を行ったのは、自民党が八五年に都道府県支部連合会などに宛てて相次いで出した、「国旗掲揚・国歌斉唱の徹底について」などの通知を背景とした国旗掲揚・国歌斉唱徹底運動に呼応するものであったが、この調査結果をうけて、同日文部省は、初等中等教育局長名で各教育委員会に対し、「国旗と国歌の適切な取扱いの徹底」を求める通知を送り、実質的にこれらの掲揚・斉唱を義務化してしまった。また多くの県議会・市議会では、「日の丸」掲揚と「君が代」斉唱の推進決議を行い、海邦国体を控えた沖縄県議会・那覇市議会も同年一〇月、同種の決議を行った。こうした結果、たとえば二年後の八七年四月の沖縄の県立高・小学校の入学式では、「日の丸」掲揚校が一〇〇％となった（中学校は、北谷の二校が不掲揚）。

こうした情勢に勢いを得て、一九八七年八月の臨時教育審議会の最終答申は、当時の塩川文部大臣の強い要請によって、その中に、「国旗・国歌のもつ意味を理解し、尊重する心情と態度を養うことが重要であり、学校教育上、適正な取扱いがなされるべきである」との文言を含むことになった。これをうけて制定された八九年の学習指導要領に、ついに、「国旗」の掲揚・「国歌」の斉唱が義務化されることになった。すなわち、その小学校の「特別活動」では、「入学式や卒業式などにおいては、その意義を踏まえ、国旗を掲揚するとともに、国歌を斉唱するものとする」と定めたが、文部省によればこれは「義務を示したものであり、しなければならないというのと同じ意味」であるとされている（八九年五月二三日全国連合小学校長会総会における菱村初等中等教育局長）。そして注目すべきは、入学式と卒業式が諸学校行事のなかから特に抜き出されていることである。この二つの儀式は、学校教育においてけじめをなす儀式であり、通常は厳粛に行われることが多い儀式である。厳粛な雰囲気の中で、「日の丸」や「君が代」が用いられることによって、それら二つはシンボルとしての機能を十分に果たし、国民を統合することになるであろう。実際、文部省当局は、この両儀式を、「社会・国家など集団への所属感を深めるよい機会」としてとらえている（八九年六月六日の説明会）。したがって、この両儀式において使用されることに意味があるのであって、始業式や運動会・開校記念日に使用するかどうかは本質的な問題ではないから、その使用は「学校の判断にまかせる」とされているのである。

しかも、学習指導要領では、同時に、「国旗と国歌の意義を理解させ」ることが課題とされている（小学校・六年・社会、中学校・社会・公民分野など）。そして、現在では、文部省当局は、「君が代」を天皇と明確に結合させている。すでに一九七七年に奥田初等中等局審議官は、「日本国の象徴、国民統合の象徴であるところの、天皇をいただく日本国の繁栄を願う」歌であるとしていたのであるが、このたびの学習指導要領の下で作成された、『小学校指導書・社会編』の「第六学年の目標と内容」では、「国歌」の意義に関して、「憲法に定められた天皇の地位についての指導との関連を図りながら、国歌『君が代』は、我が国が繁栄するようにとの願いをこめた歌であることを理解させるよう配慮する」として、天皇敬愛教育と「君が代」が不可分であることを指示している。

戦前の天皇制教育において、修身や国語・国史が果たした役割は大きい。しかし、どちらかと言えばこれらが頭からの天皇制意識の注入、すなわち理性面からの注入であったのに対して、紀元節・天長節などの学校儀式は、感性の面から子どもたちにその意識を植えつけ、身体で覚えさせる意味をもっていた。このことは、基本的に、現在においても同様であろう。厳粛な儀式とそれを盛り立てる天皇に関わるシンボル……これはいまの子どもたちをも天皇を中心として統合してゆくための感性的装置として働くに違いない。そのためにも、入学式・卒業式は厳粛に行われなければならないので、これらシンボルの使用の強制とともに、たとえば卒業式は、教育活動の一環としてではなく、文字通りの卒業証書伝達式として、おごそかに行われることが追求されることになるのである。一九八八年三月、福岡市長尾小学校の卒業式で、子どもたちの苦心の成果である「ゲルニカ」が、校長によって「日の丸」に替えられた例は、その事情を端的に示すものであった。

### 教科書

小・中・高で用いられる教科書は文部省による検定を受けなければならないことになっており、文部省の意向に反する内容の教科書は存在することが許されないが、その結果、当然に、教科書検定は、学習指導要領の内容を教科書に盛り込ませることになっている。したがって、検定を通過した教科書は、天皇を国民が戴いているとしてとらえ、国民が天皇に対して敬愛の念を抱くようになるように工夫されている。

たとえば、天皇や天皇に関わる事柄については、「五箇条の誓文」が「御誓文」と変えられ、「教学大旨」が「教育聖旨」と記述され、「天皇の死」は「天皇の没」にされるなど、記述方法に注意が払われている。加えて、西暦よりも元号を先に出し、「昭和××年(一九××年)」とするような記述をすることが求められたりもしている。また、歴史上の記述においても、家永三郎の書いた「〔江戸時代〕の天皇は君主としての地位を失い」との記述が、「天皇は当時政治上の実権を失ったが、なお君主としての地位は失っていないので、この記述は誤りである」との理由で不合格になった例のように、特定の見方も強制されている。

また、一九六八年の小学校・学習指導要領を経て、小学校・社会科の歴史を扱った部分に、天孫降臨神話など天皇に関わる神話も復活している。これは神話と歴史の混同を引き起こすとともに、天皇の権威化をもたらすことになろう。また、聖武天皇や明治天皇など天皇が登場することが多くなり、天皇の役割が強調されるようにもなっている。

## 8　自衛隊との結合

現在の日本には、憲法九条にも拘わらず、戦闘集団としての自衛隊が存在している。かつての陸・海軍は天皇の軍隊（皇軍）であり、その統帥権は天皇が持っており、議会や内閣がそれに口を挟むことは許されなかった。軍人は天皇のために戦い、大元帥陛下である天皇のために生命を投げ出したのである。しかし、かつての陸・海軍と異なり、現在の自衛隊法によれば、自衛隊の最高の指揮・監督権を持っているのは、内閣を代表して内閣総理大臣である（七条）。もはや自衛隊と天皇との間には特別の関係もなければ、自衛隊は天皇に忠誠を誓うべき存在でもない。けれども、自衛隊のなかには、内閣総理大臣のために死ぬというのでは隊員の士気があがらないので、ふたたび天皇を忠誠の対象としようとする動きがあり、天皇と自衛隊との結びつきは、特に一九六〇年代以降、深まっている。

自衛隊では一九六二年のマテオス・メキシコ大統領の訪日のときに「捧《ささ》げ銃《つつ》」が復活したが、現在までのところ、外国元首に対する栄誉礼を自衛隊が行うときには、天皇は脇でそれを見守るだけで、外国元首とともに栄誉礼を受けることは行っていない（この点に自衛隊の不満の一つがある）。しかし、一九五四年の自衛隊施行規則では、天皇は栄誉礼受礼資格者の筆頭にあげられており、最高指揮官の総理大臣は四番目に過ぎない。また、一九六四年の防衛庁訓令「自衛隊の礼式に関する訓令」では、天皇に対して自衛官が敬礼することを定めるとともに、隊としての敬礼として、「着帽している場合は、着剣捧げ銃の敬礼、又は挙手の敬礼を、脱帽している場合は、四五度の敬礼」という最高の敬礼を定めている。また、六七年の「陸上自衛隊の礼式に関する達」では、天皇に対して、車両等に乗車している隊は、下車して敬礼することになっているが、ここでも天皇は国歌・国旗・隊員の柩とともに、最高の敬礼対象と位置づけられている。加えて、六三年五月の青森県の植樹祭以後、天皇や皇族に対しては、隊員が垣を形成して迎える「堵列《とれつ》」が行われている。もっとも、これまで天皇は自衛隊の公式行事に参加したことはなく、たとえば、自衛隊の観閲式にも列席したことはないが、この点も自衛隊が不満とするところである。

しかし、一九六〇年秋より、自衛隊幹部は天皇の「賜謁」を受けていたが、六五年以来、毎年定期的に、五〇―八〇名の自衛隊幹部が天皇に「拝謁」することが定例化し、そこで天皇の激励を受け、幹部連が感激するといった具合になっている。先にふれた、増原防衛庁長官の内奏問題も、同様の雰囲気から生まれた事件であったと言えよう。こうした過程を通して、天皇は実質的に自衛隊の忠誠の対象となりつつある。
このことから、戦死者を祀ってある靖国神社と天皇との関係が重要視されるようになってい
る。そもそも靖国神社は、その沿革からいって、明治以降に天皇の名で戦われた「聖戦」の戦没者を英霊として合祀し、天皇を中心とした国民がその英霊を讃え、慰める神社であって、それは天皇の存在と不可分の神社である。したがって、戦前・戦中において靖国神社は、単に霊を慰める場所ではなく、天皇に対する忠誠を呼び起こし確認するという高度のイデオロギー的機能を果たす場所であった。そのことは、一九二〇年発行の『尋常小学修身書巻四』が、その中の「靖国神社」の部分で、靖国神社のお祭りは天皇陛下のおぼしめしによるものだとした上で、「わたくしどもは陛下の御めぐみの深いことを思ひ、こゝにまつつてある人々にならつて、君のため国のためにつくさなければなりません」と記述していたことによく表れている。
したがって、今日、靖国神社をなんらかの形で公的存在にしようと運動する者の多くは、同様の意義を靖国神社に認めており、天皇が公的に参拝することを不可欠と考え、それによって天皇で国民を統合しようとしている。たとえば、靖国神社国家護持法案を作成した政治家は、「わたしは春秋の例大祭は、自衛隊の軍楽隊が総動員して、にぎやかに軍楽を奏で、その中を陛下、総理大臣がおまいりするといった光景を実現したい」と率直に語っているし（村上勇・毎

日新聞六七年六月二二日)、民間の運動団体たる靖国会の事務局長は、「〔国民の〕バラバラな状態を一つにするところこそは、天皇と祖国のために死んだ英霊の祀られてある靖国神社ではないか」と述べている(塙三郎『英霊の怒り』)。そして、中曽根首相が、「国のために倒れた人に対して国民が感謝を捧げる場所がある。当然のことである。さもなくして、だれが国に命を捧げるか」と述べるとき(八五年自民党軽井沢セミナー)、過去の戦没者だけではなく、これからのそれをも念頭に置いていることは明らかである。すでに、殉職した自衛官は各地の護国神社に合祀されている。そうであるなら、将来、自衛官が靖国神社に合祀されることも十分に予想される。靖国神社に自衛官が合祀され、それを天皇が公式に参拝する事態が生じたならば、かつてと同様に、天皇が自衛官の忠誠の対象となり、天皇・靖国神社を通して国民が統合されることになろう。その意味で、靖国神社での天皇と自衛隊の結合が起こりうるかどうか注目していく必要がある。

なお、靖国神社を天皇が公式に参拝することについては、政教分離原則との抵触が当然問題になる。当初に紹介した「目的・効果基準」をもってしても、このような天皇の行為は違憲と考えられるが、八五年にはすでに中曽根首相が公式参拝を行っており、首相の公式参拝が違憲でないとしたら、政教分離原則に関する限り、天皇の公式参拝も違憲でないことになる(天皇の公的行為が国事行為に限られるとしたら、この点でも公式参拝は違憲とされよう）。

また、自衛隊が天皇を忠誠の対象とする動きとの関連では、一九六六年以降に行われている元自衛官に対する叙勲も無視することはできないが、特に、近年、金鵄《きんし》勲章復活の動きがあることにも注目しておきたい。

ところで、天皇の代替わりは、自衛隊と天皇の結合を公然化する場となった。すなわち、昭和天皇の大喪の礼にあたっては、一九〇〇名の自衛官が参加し、天皇の柩を乗せた車は自衛官の堵列によって迎えられ、三カ所で着剣捧げ銃の儀仗《ぎじょう》が行われ、自衛隊は「哀《かなしみ》の極《きわみ》」の演奏と弔砲で天皇の死を悼んだのであった。同様に、九〇年秋の即位の礼においても、自衛隊は祝賀御列の儀などで前面に登場することになっている。

## 9　神道による天皇の権威化

天皇は、政治的権能をほとんど認められなかった時代においても、農耕祭主として、神道式の皇室祭祀だけは一貫して行ってきたとされている。このため、「天皇のおつとめの第一は、祭り主をなさるということなのである」とする論者（葦津珍彦）まで現れている。ともあれ、明治天皇以降の天皇、とりわけ昭和天皇は、熱心に皇室祭祀を行ってきた。このことは、同時に、祭り主としての天皇を神格化し、天皇の権威を高めることにもなっていった。敗戦後、神道指令や天皇人間宣言によって、名目的には公的立場の天皇と神道との分離は一応なされたが、天皇は私的立場で農耕祭主としての役割を演じ続け、しばしばそこでは公私の混合が生じるとともに、その状況はマスコミを通して広く国民一般に知られることによって、国民の意識においては天皇と神道は結合し、結果として天皇の権威を高めることになっている。

**皇室祭祀**

昭和天皇は、敗戦前も後も基本的に変わることなく、皇室祭祀を行ってきた。明仁天皇も、昭和天皇の態度を踏襲して、現在は、皇室祭祀やそれに関わる事柄(田植えなど)を熱心に務めている(あらたに九〇年からは、天皇としては初めて、田植えに用いる苗作りのために自ら播《は》種《しゅ》を行っている)。しかし、憲法の政教分離原則が存在する以上、それらはすべて私的な行為として行わなければならないはずである。

皇室祭祀が行われるのは、もっぱら皇居内の宮中三殿である。宮中三殿は、皇祖天照大神を奉祀し神鏡を神体とする賢所《かしこどころ》、神武天皇以来の歴代天皇・追尊天皇・歴代皇后・皇妃・皇親を祀る皇霊殿、天神地祇《てんじんちぎ》八百万神《やおよろずのかみ》を祭神とする神殿の三殿からなるが、これらはすべて宗教施設であり、皇室の用に供する国有財産たる皇居の中に存在する天皇家の私有財産であって(一九七五年角田内閣法制局第一部長の見解)、たとえてみれば県営住宅に住む個人の部屋にある仏壇のようなものである。宮中三殿を国有財産とみることは、政教分離原則からして無理である。

宮中三殿に対する奉仕は、天皇家の私的支出にあてられる内廷費によって雇用されている掌典職によって行われなければならない。この掌典職は純然たる私的使用人であるはずなのに、掌典職の部屋が官庁たる宮内庁の中に設けられているのは問題である。また、国家公務員である宮内庁職員の式部職にある者が、掌典職を補助して、祭儀を手伝ったり、祝詞《のりと》を書いたりしているのも公私混同で、憲法上問題がある。同様に、国家公務員である侍従が、敗戦前と同様に、毎日、宮中三殿に「毎朝御代拝《まいちょうごだいはい》」を行っているのも憲法上は許されない慣行である。当初これは、戦前と同様に、菊の紋章の付いた馬車で出かけ、烏帽子《えぼし》・白の浄衣《じょうえ》を着て賢所等の内陣で行われていたが、一九七五年に公務員の祭祀関与が国会で問題になったため、この年の秋からは、自動車・モーニングで、場所も庭上で行われるようになっている。しかし、形式を少々変更したからといって事の本質が変わるものではない。一方、皇太子が外国に行くときに東宮侍従が伊勢神宮に参拝する慣行は、この時期に掌典職の参拝に変わっているが、これと同様に、「毎朝御代拝」も掌典職によって行われるべきであろう。

皇室祭祀は、原則的に、法的には廃止されている「皇室祭祀令」に基づいて現在も行われている。これは、「従前の規定が廃止となり、新しい規定ができていないものは、従前の例に準じて事務を処理すること」という一九四七年五月三日の宮内府長官官房文書課長名の依命通牒に基づいているが、現在の憲法の下では宗教活動である皇室祭祀は天皇家の私事であるから、宮内府がこのような指示を行うこと自体も問題であるし、どのようにそれを行うかは天皇家の自由に属する。

現在、天皇自らが祭典を行う「大祭」には、定時祭として元始祭《げんし》(一月三日)・昭和天皇祭(一月七日)・春季皇霊祭・春季神殿祭・神武天皇祭(四月三日)・秋季皇霊祭・秋季神殿祭・神嘗祭《かんなめ》(一〇月一七日)・新嘗祭《にいなめ》(一一月二三日)が、臨時祭として先帝以前三代の式年祭・[先后の式年祭]があるが、戦前行われていた紀元節祭は現在はない。掌典長が祭祀を行い、天皇は参拝するだけである「小祭」には、定時祭として歳旦祭《さいたん》(一月一日)・孝明天皇例祭(一月三〇日)・祈年祭(二月一七日)・明治天皇例祭(七月三〇日)・賢所御神楽《みかぐら》(一二月中旬)・天長祭(一二月二三日)・大正天皇例祭(一二月二五日)・[先后例祭]が、臨時祭として綏靖《すいぜい》以下先帝以前四代に至る歴代天皇の式年祭がある。また、「祭儀」として、四方拝(一月一日)・奏事《そうじ》始め(一月四日)・神宮遥拝(一〇月一七日)・節折《よおり》(六月・一二月末日)・大祓《おおはらい》(同日)が行われている。

これら皇室祭祀には、天皇家の私的費用である内廷費が支出されており、その点では憲法上の問題はない。ところが、皇室祭祀令において、大祭・小祭は、「天皇皇族及官僚ヲ率キテ」行うとされていたところ、現在でも、春秋の皇霊祭・神殿祭と新嘗祭には、掌典長名で、内閣総理大臣・国務大臣・衆参両院正副議長・最高裁長官・同判事などに案内状が送られ、これらの人びとはモーニング姿で参列し拝礼している。一応これは、私人としての行為とされてはいるが、実態的には旧皇室祭祀令が生きている形になっている。

こうした皇室祭祀の実態によって、現在の天皇も、公的な農耕祭主としての色彩をぬぐい去ったとは言えない状態にあり、天皇を神格化ないし権威化することとなっている。

**祝日**

大日本帝国憲法時代には、紀元節祭と紀元節との関係にみられるように、皇室の祭祀と国の「祝祭日」とが結びついており、国民は自然に皇室祭祀の意義を身につけることになっていた。現在は、一九四八年制定の「国民の祝日に関する法律」があるが、そこでは宗教的色彩を帯びている「祭日」という言葉はなくなり、すべて「祝日」とされている。

しかし、「国民こぞって祝い、感謝し、又は記念する日」とされている現在の祝日も、その多くは皇室祭祀と結びついている。すなわち、元日（歳旦祭）・春分の日（春季皇霊・神殿祭）・秋分の日（秋季皇霊・神殿祭）・勤労感謝の日（新嘗祭）・天皇誕生日（天長祭）がそれである。また、建国記念の日は、現在は行われていないが、紀元節祭の日である。このように一三ある祝日の約半分は皇室祭祀との結合がある。これに、昭和天皇誕生日にあたる「みどりの日」と、明治天皇誕生日にあたる旧「明治節」である「文化の日」を加えると、祝日の過半は天皇と関係している。現在、祝日を迎えるにあたって、その日の意義や、まして皇室祭祀に思いを致す者は少数であろうが、将来的に、祝日が皇室と結びついていることの持つ意味は、必ずしも軽視できないように思われる。

### 三種の神器

従来、「神器のある所すなわち皇位のある所、皇位のある所すなわち神器のある所」と言われているように、三種の神器の所在と歴史的な天皇の地位とは不可分とされており、同時に、三種の神器の継承は天皇が祭り主の地位を継承することを意味するとされてきた。そうであるなら、三種の神器は皇室祭祀との関係を抜いて考えることはできず、それ自体高度の宗教性を持っている。この三種の神器は、現在も、皇室経済法にいう「皇位とともに伝わるべき由緒ある物」(七条)に含まれているとされている。

三種の神器である鏡と剣・玉のなかで、特に八咫《やた》の鏡は、従来から皇祖天照大神の御霊代《みたましろ》とされており、宮中三殿の賢所に安置されているが、そのことからも分かるように、特に宗教性の強いものであるから、この鏡を公的なものとして国家が扱うことは、政教分離原則に反する。また、右のように三種の神器の所在を、憲法上の天皇と不可分と考えることは、政教分離原則に違反するだけではなく、天皇の地位の根拠を国民の総意においている憲法の原則にも反することになる。したがって、皇室経済法七条は、単に平等相続原則の例外を定めたものとして読まれるべきであって、皇位継承における神器の継承が公的性格をこの規定によって与えられるとすべきではないし、そう解釈した場合には、この規定は憲法違反となろう。しかしながら、後に述べるように、天皇の代替わりにおいて、三種の神器は公的な天皇の地位の継承と関連させて取扱われている。これは今日の天皇の背後に神話があるような印象を生み出すことになり、天皇の神格化ないし権威化に役立っている。

大日本帝国憲法時代には、神器が皇位と不可分とされていたため、天皇がある所には神器もあるとされ、神器は天皇の近辺にあるのを常とした。もっとも、賢所に安置されている鏡は原則的に動くべきものではないとされ、ただ例外的に京都で即位の礼が行われる場合にだけ動いたが、剣と玉は天皇が一泊以上の旅行をする場合には、侍従がこれを捧持して天皇とともに移動した。これを「剣璽動座《けんじどうざ》」と呼んでいる。しかし、一九四六年六月の千葉巡幸を最後に、事故を避けることを理由に、この慣行は行われていなかった。しかし、七三年、伊勢神宮の式年《しきねん》遷宮《せんぐう》後の天皇参拝のとき、剣璽動座が行われた。もっとも、宮内庁は、これはこのときだけの例外として説明しており、事実、これ以後はまた行われていない。けれども、神社関係者などは、これを先例として高く評価し、剣璽動座の全面的復活を主張しており、今後の展開は予断を許さない。私的な旅行の場合にも事実上同一の効果をあげることはあるけれども、もし公的な天皇の旅行において(天皇の行為を国事行為に限るときはこのような旅行はまずない)剣璽動座が行われるならば、皇位と神器の不可分性をいっそう証明することになるだろう。

三種の神器との関連では、意外と知られていないことであるが、重大な確認が政府によって行われている。それは一九六〇年一〇月二二日に池田首相名で出された答弁書で、「伊勢の神宮に奉祀されている神鏡は、皇祖が皇孫にお授けになった八咫鏡であって、……天皇が伊勢神宮に授けられたのではなく、奉祀せしめられたのである。……したがって、皇室経済法第七条の規定にいう『皇位とともに伝わるべき由緒ある物』として、皇居内に奉安されている形代《かたしろ》の宝鏡とともにその御本体である伊勢の神鏡も皇位とともに伝わるべきものと解すべきである」と述べている。これによれば、伊勢の神鏡が皇位と不可分であり、伊勢神宮と天皇との間に特別の関係があることになる。そしてすでに三種の神器は公的な存在として取扱われているのであるから、将来、伊勢神宮が公的に特別の存在として認められる可能性がないとはいえない。実際、閣僚が、建前はいまのところ私人としてではあるが、伊勢神宮に定期的に参拝する慣行があることを見れば、それは杞憂とは言えまい。

### 皇室儀式

現在の皇室典範は、皇室儀式としては、天皇の即位の礼と大喪の礼を定めているだけである。したがって公的な皇室儀式は法律によって定められるべきだとの立場にたてば、公的な皇室儀式はこの二つだけであると言うこともできる。しかし、現実には、これ以外にこれまでかなり多くの皇室儀式が公的に行われてきた。それには、新年祝賀の儀のような定例化された国事行為としての儀式、皇太子成年式のような閣議決定によって臨時的に行われた国事行為としての儀式といったものから、園遊会のような国事行為以外の公的な行為としての儀式まで含まれている。天皇は国事行為しかなしえないとの説をとれば、園遊会のような公的行為は違憲と解されることはすでに述べた。

しかし、仮に私的な皇室儀式以外に天皇がこのような公的な皇室儀式を行うことができるとしても、それには限界があり、政治的行為をしてはならず、政教分離原則に違反してはならないことは言うまでもない。また、私的な皇室儀式に国が金銭を支出する場合にも、後者の原則に違反することは許されない。

ところが、皇室儀式のなかの宗教的部分が国事行為とされることがある。一九五二年の皇太子の成年式・立太子礼は、すでに公的には廃止されている「皇室成年式令」や「立儲令」に全面的に依拠して行われたが、賢所大前の儀や皇霊殿神殿に謁するの儀などの宗教的儀式は私的儀式として行われ、加冠の儀・宣制の儀・朝見の儀・宮中祝宴の儀のみが国事として行われるなど、政教分離原則にはそれなりの配慮がなされていた。ところが、一九五九年の皇太子結婚式では、原則的に廃止された「皇室親族令」に基づいて行われたなかで、多くの宗教的儀式は私的儀式として行われ、賢所大前の儀・朝見の儀・宮中祝宴の儀のみが国事行為として行われたが、このうち賢所大前の儀は明らかに高度の宗教儀式であるにも拘わらず国事として行われたのである。これにつき、宮内庁の説明は、結婚式で宗教儀式が行われるのは社会的慣習であるから憲法に違反しないとするものであった。しかし、神社関係者も指摘しているように、当時、結婚式を宗教儀式として行うのは「わずか五十年あまりの慣習」であるに過ぎなかったから、これを社会的慣習というのは問題があったし、もしこのように慣習ということで宗教儀式を行うことが憲法上許されるとしたならば、これまた神社関係者が高言するように、慣習とされてきた大嘗祭《だいじょうさい》なども国事行為として行ってよいことになりかねない。ましてや、大喪の礼も、葬式に宗教はつきものであるから、宗教儀式として国事行為として行ってもよかったはずである。すでに世俗化していると説くならともかく、慣習だから宗教活動もよいとする論理は、政教分離原則を論じる場合には、不適切な基準と言わなければならない。ともあれ、先例として、純然たる宗教儀式が行われたことの意味は大きく、ある場合には天皇・皇族は公的に宗教儀式を行ってもよいとする議論に道を開くものであった。

また、宗教儀式としての皇室儀式に公費が支出される先例も、一九五一年六月二二日の貞明皇太后の大喪の儀ですでに生まれている。このとき、儀式関係費が予備費から支出されたが、同様に、皇室儀式たる昭和天皇の葬場殿の儀にも公費が支出され、大嘗祭にも支出されることになっている。これら儀式に対する公費の支出は、当然にそれらに公的性格を与え、権威を与えることになるだろう。

皇室儀式が、私的にせよ、厳粛に挙行されることは、それを行う主体たる天皇・皇族に権威を国民が覚えることになるだろうが、それが公的に行われるとき、その権威には公の御墨付が与えられたことを意味し、その結果、その行為やそれを行う主体はいっそう権威あるものとして理解されることになるであろう。その意味でも、権威を考える場合には、その名目は無視できないように思われる。

**皇室祭祀への神道の接近**

天皇と神道との関係が、このように公的にも分離されていない現状があるとき、神道の側からする両者の分離の曖昧化の動きには無視できないものがある。

神社本庁に結集している神道では、そもそもその信条において、天皇との結合は中核をなしている。たとえば、一九五六年に発表された『敬神生活の綱領』という神社人の実践綱領には、「大御心《おおみこころ》をいただきてむつび和らぎ、国の隆昌と世界の共存共栄とを祈ること」と書かれているし、一九五六年に各神社に通牒された祝詞例文にも、「天皇の大御代《おおみよ》を堅磐《かきは》に常磐《ときは》に斎奉り《いはひまつ》り幸《さきは》へ奉り給ひ」（春分祭）とか、「天皇を尊奉り仰奉り」（文化祭・こども祭）とかの文句があり、天皇尊崇がこれら神道にとって不可欠のものであることが分かる。

しかし、それだけであるなら、それはこれら神社関係者の信仰の問題であり、完全に自由であるべきである。けれども、これらの人びとは、神社の「国家的公共的機能性格の回復」を運動の中心にすえたり、天皇と神道との結合を公的場面で実現しようとしたりもする。その限りで、これらの人びとの主張・行動と憲法との抵触が起こることになる。

たとえば、伊勢神宮はれっきとした宗教組織である。そうであるなら、伊勢神宮と天皇とは、私的に関係を持つことは自由であるとしても、公的な関係があるように位置づけられてはいけないはずである。しかし、神宮の神鏡の問題があることは、先に述べた。また、神宮の式年遷宮が「皇家第一の重事」であるとしても、それは私人としての天皇や皇家の問題である。ところが、六〇回式年遷宮のときには、天皇の「聴許」を求めたに過ぎなかったのに、今回の六一回のそれでは、昭和天皇は拝謁の際に神宮大宮司《じんぐうだいぐうじ》に、「大宮司の責任において取りすすめよ」と「聖旨」を与えて一歩踏み込んでいる。そして、山口《やまぐち》祭や木本《このもと》祭の日時治定や御杣山《みそまやま》の治定を天皇が行っているのはともかく、そのやりとりを宮内庁が媒介しているばかりか、山口祭などの治定は宮内庁長官回答として出されているようであるが(神社新報による)、事実とするなら政教分離原則からみて問題であろう。

また、神社関係者は、皇室祭祀のあり方についても、批判を提起している。この人たちによれば、昭和天皇が八二年に詠んだ「わが庭のそぞろありきも楽しからず　わざはひ多き今の世を思へば」という歌は、皇室祭祀が近年軽んじられていることに対する天皇の嘆きの歌であるとされる。軽んじられている証拠としては、①宮中三殿の旬祭や毎朝の侍従による御代拝が、モーニング姿で自動車に乗り、三殿木階下において立礼で行われるようになったこと、②氷川《ひかわ》神社例祭への宮内庁楽師の公式参加が中止され、年休をとって私的に参加していること、③皇太子外遊の際の伊勢神宮・多摩御陵への東宮侍従の代拝が中止され、伊勢神宮のみに掌典が代拝していること、④加冠の儀が賢所ではなく、宮殿内で行われていること、⑤紀元節祭や明治節祭が行われていないこと、⑥新嘗祭に用いる白酒《しろき》・黒酒《くろき》の醸造が酒税法との関係で廃止されたこと、などがあげられている。この人たちにとっては、そもそも皇室祭祀が私的祭祀活動と考えられること自体が誤りなのであるが、政教分離原則をうたう憲法の立場にたてば、これらの変更は当然であって、まだ①などは侍従が関与すること自体に問題が残ることは先にもふれたとおりである。ともあれ、これらを不満として神道青年全国協議会や神社本庁は宮内庁に要望や質問を提出し、掌典長よりその本筋は寸毫《すんごう》も変わっていないとの回答を引き出している。

しかし、こうした動きは、皇室祭祀に一定の影響を与え、それらを公的色彩を帯びたものとして行うようにする効果を持つ可能性がある。実際、天皇代替わり儀式における大喪の礼や大嘗祭の位置づけにあたって、このような批判が果たした意味は軽視できない。

他方、天皇や皇族は、国体などで地方に旅行したときに、その地の神社を参拝することが慣例となってきた。私人として参拝する限り憲法上の問題はないが、マスコミによって参拝する姿が報道されている結果、天皇・皇族と神道との結びつきを国民はいやでも印象づけられることになっている。

## 10 天皇の権威を強化するマスメディア

新聞・雑誌・テレビ等の報道機関における天皇の取扱いの実態も、天皇の権威を強化するように働いている。

マスメディアは、国民が興味を持っているからということを理由として、公私を問わず、天皇や皇族の行動を報道することに力を入れている。結婚式や成年式などの皇室儀式は、そのための恰好の材料であって、これらはマスメディアで常に大きく取上げられている。そして、そのことを通じて国民は、皇室に特殊の感情を抱くようになっていく。たとえば、一九五八年秋からの「ミッチー・ブーム」については、マスメディアの報道の仕方の影響が大であったとされている。また、天皇や皇族が地方に旅行したような場合には、その土地のテレビはそれを重要なニューズとして伝え、地元の新聞はカラー写真で天皇などの動向を報道するのが常となっており、そうしたマスメディアの活躍によって、天皇などの地方旅行は、土地の民衆と皇室の関係を確認する場となっている。このように、天皇・皇族の行動の報道によって、マスメディアは天皇を国民意識の中に定着させる役割を果たしている。

そして、マスメディアが、天皇や皇族について報道する場合には、必ず、陛下・〇〇殿下・〇〇さま・ご夫妻といったような敬称を用い、「お〇〇（お調べ）」「ご〇〇（ご覧になる）」とか「される」「られる」とかの敬語が使用されている。そのため、「『天皇ご訪米反対』を叫ぶデモ隊」といった珍妙な記事が現れたりもしている。また、天皇・皇族にのみ敬語を使用し、外国の国王や大統領には敬語を用いないため、両者が同時に記事となった場合には、均衡を失するものとなったりしている。しかし、こうした報道態度は戦後一貫しており、いまに始まったことではない。そのなかで、どのような敬語を用いるべきかについては、マスメディアでは戦後早くから検討が進められているが、一九四七年には宮内府と報道各社との申合せが行われ、共同通信から各社に「敬語は現在使用されている最上の言葉」を使うとの通知がなされており、五九年には「皇室用語の扱い方」として日本新聞協会・新聞用語懇談会在京幹事会は統一的対応をまとめ、六〇年代には『日本新聞協会用語集』が用語一覧を掲げ、七四年には同懇談会が改訂した『皇室関係用語集』を作成している。もっとも、実際には、新聞各社はこれを基礎として、独自の用語集を作成し、それに則って記事を書いている。また、NHKも、一九五四年に『皇室関係放送用語集』を作成、これを手直ししつつ使用しているようである。こうした敬語使用の極みは、昭和天皇の死去に際して、一部の新聞を除く各紙が、「天皇陛下崩御」の大見出しでこれを報じたことであった。このように、天皇・皇族についてのみ敬語を使用している結果、天皇・皇族は、敬語が使用されない内閣総理大臣・最高裁長官・両院議長などよりも上位にある存在であるかのごとき印象を生み出している。特に子どもたちは、こうした敬語にあふれる記事を繰り返し読んだり、聞いたりしていくうちに、自然に天皇・皇族を自分たちとは異なる、高貴な存在として意識していくようになるに違いない。この点でのマスメディアの責任は大きい。

もっとも、さすがに、敗戦前のように、新聞で天皇の上の一字を空けたり、天皇についてアナウンサーが語るときに直立不動になったりはしていないが、そうした事態が生まれても不思議でないような雰囲気もすでにある。たとえば、「大正天皇」とあるべきところが誤植で「大正洗脳」となっていたことから謝罪広告が出されたり（週刊誌SPA!・八九年二月九日号）、天皇の写真の左右が逆であったとして週刊誌「女性自身」（八八年一〇月一一日号）が回収されたり、朝日新聞の早版で「天皇倒下」という誤植があったため「おわび」を出したうえ関係者が処分されたり（八八年一〇月一八日）、新聞（大阪サンケイ）の高松宮死去記事で間違って三笠宮の写真を使ったため記者・管理職が処分されたりした（八七年二月）のは、最近の出来事である。

また、このような形式面だけではなく、マスメディアの報じる内容においても、偏向が見られる。天皇・皇族は常に肯定的・好意的に描かれ、平和愛好者・慈愛に満ちた存在などとして描かれている。加えて、天皇・皇族の一挙手一投足やもらした片言隻語はすべて意味ある有りがたいものとされ、天気ですら、「天皇晴れ」とか「皇太子晴れ」といった形容で語られたりしている。そして、もし天皇に関わってなにか悪い点があるとしたら、その責任は常に「物分かりが悪い」宮内庁や侍従などの天皇を取り巻く人びとに帰せられ、天皇・皇族に非難が向けられるようなことはない。

逆に、天皇を批判したり、天皇制度を否定的に論じる記事や論文は、自主規制によって、例外的な場合を除いてマスメディアには登場しない。注文原稿には天皇（制度）を否定的に取扱わないようにとの条件がつけられるし、そのような原稿が届いたときにはしばしばなんらかの理由をつけてボツにしている。たとえば、一九六九年一一月、ある全国紙は、井上光晴の「天皇制を否定する」というタイトルの依頼原稿をボツにしたが、このような経験のある執筆者は彼に限られない。このような状況であればこそ、天皇の戦争責任問題についても、マスメディアは活発に議論を展開する場を保障しなかったのである。こうして「菊のタブー」なるものがマスメディアを支配しており、国民は天皇や皇室についての十分な情報を獲得することが困難な状態にあり、それだけにさまざまな噂が飛び交うことにもなっている。

一方、マスメディアは、天皇の権威を十分に自社のために利用したりもしている。天皇や皇族を自社主催のスポーツ大会に出席させたがったり、自社のイベントに案内したり、自社の新社屋や新設の機械の見学に招いたりしており、それをまた自社のテレビや新聞であたかも大事件であるかのように報じるのが常である。こうして、マスメディアと皇室との間には、一種の馴れ合いの状態が生まれているため、皇室を根底的に批判することなどできるような状態にはない。

そのため、マスメディアが国民の側にたって「知る権利」を行使することを控えたり、国民に伝えるべきことを伝えないような場合も生まれている。なかでも批判的にしばしば引用される事例は、一九五〇年代末の、皇太子(現天皇)の結婚相手問題をめぐる、小泉信三の要請による報道協定である。たしかにこうした報道が過剰化することには、結婚相手と目される人物のプライバシー侵害問題を含めて、望ましくない面があることは否定できないが、その行き過ぎをマスメディアの自主的努力によって抑制しようとするのではなく、報道協定という形で解決しようとする姿勢には、国民の「知る権利」の観点からは問題が多い。同様に、昭和天皇の病気について、朝日新聞・共同通信を除いて、天皇死亡後まで正確な報道がなされなかったことについても、ガン告知の是非の問題は残るが、批判が出されている。また、天皇との記者会見において、当然聞くべきことを聞かなかったり、突っ込むべきところをそうしないですましたりしているのも、そうした場合に国民に顔を向けたことがない宮内庁の妨害(会見拒否)があることは事実だが、不満の声が強いところである。

他方、宮内庁は、皇室に関する情報を統制し、マスメディアの報道に干渉している。たとえば、宮内庁は、週刊誌を飾る天皇・皇族の宮中における写真を唯一提供できる機関であるので(その写真を「貸し下げ写真」という)、そのことを通して、週刊誌における天皇・皇族写真の取扱い方や内容に干渉しているようである。そして、写真の使用方法に問題がある場合には、編集者を呼び出して注意したり、写真の使用不許可といった制裁を加えているという。また、宮内庁は、天皇などの権威を落とすような記事についても、掲載中止などの申入れをしたりしている。その有名な例は、一九六三年に起こった、小山いと子が「平凡」に連載中の小説『美智子さま』をめぐる事件で、この小説は皇太子夫妻に好意的な立場から書かれているものであったにも拘わらず、宮内庁は「興味本位」であると申入れを行い、その結果、連載は中止され、単行本化も中止されている。このほか、一九七〇年、東宝映画『軍閥』のシナリオについて、東宝と宮内庁の折衝の結果、シナリオの雑誌掲載が中止された事例や、八四年一月、河原敏明の「三笠宮は双子」という記事につき宮内庁が善処を要望した事例などが有名である。

宮内庁の干渉は、また、天皇と記者団との会見についても及んでいる。昭和天皇と記者団との実質的会見（公式には「ご会釈《えしやく》」とされる）は一九四七年五月一日に始まるが、当初より話題は政治・軍事・公的な事柄以外のものに限られ、もっぱら身辺事項や社会的話題・若き日の思い出が語られるにとどまっていた。そして、五四年八月二〇日の北海道巡幸の会見では、当時初めて行われた自衛隊の捧げ銃が話題になった途端、宮内庁長官の合図で会見は中断されている。質問事項は前もって提出され、宮内庁が不適当と考える質問については、会見の中止のあることを示唆しながら、取下げや変更が求められ、会見後には天皇の発言の訂正が求められたりしている。実際に、それを押し切って話題が戦後問題など宮内庁のふれられたくない問題に及んだ後では、記者会見が中止されたこともある（七八年）。このように宮内庁の干渉や秘密主義は全般的であり、そのため東西冷戦時代の「鉄のカーテン」をもじって、「菊のカーテン」などと呼ばれたりしている。ともあれ、こうした情報操作は、天皇に関する真実を国民の目から隠すとともに、マスメディアの側の迎合や自主規制を生んでおり、もっぱら宮内庁が望ましいと考える情報のみが流通することとなっている。

一九八七年九月一九日からの天皇病状報道、とりわけ翌年九月一九日以後の重体報道は、天皇問題に対するマスメディアの今日の態度を端的に示すものとなった。敬語の大氾濫はもとより、連日一面(しばしばトップ)を使った、宮内庁発表の情報に基づく血圧・体温・吐血・下血などの病状報道は、日本になにかとんでもなく大変な事態が起こっているかのような印象を作り出した。「重苦しい衝撃　列島包む」(東京新聞)とか、「ご容体気遣う市民ら」(朝日新聞)、「祈る列島」(読売新聞)、「ご容体気遣う国民」(毎日新聞)といった見出しや、皇居前で土下座する市民の写真(共同通信)は、映像によるテレビ報道とあいまって、日常生活を変更しても国民あげて天皇の容体を案じるのが当然であるとの雰囲気をもたらし、各地の記帳や自粛を生んだ。そして、その記帳や自粛の報道があらたな記帳や自粛をもたらすという循環を生んだ。その際、死去・葬儀の報道を含めて、天皇は一貫して好意的に取上げられ、昭和の歴史の総括も天皇に好意的な観点からのみ行われ、本島長崎市長の「天皇の戦争責任はある」とした議会発言をセンセーショナルに取上げる一方で、みずからの見解を述べることは回避した。また、天皇の代替わり諸儀式は、当然のように紙面や時間を独占して報じられ、日本にとって天皇は不可欠のものであり、重視すべきであるとの確信・意識を国民(とりわけ子どもたち)の間に強めた。他面、このような洪水のような天皇報道が、天皇死亡当日の貸しビデオ屋の盛況に象徴される、国民の天皇離れや反発をも生み出したのは、皮肉な結果であったと言えよう。

## 11 天皇を特別扱いする裁判所

すでに紹介したように、また後にも紹介するように、天皇や天皇制度を批判したり反対運動をする者については、さまざまな制約が加えられるとともに、ささいな事をきっかけに逮捕・強制捜索が行われている。ここには、天皇・天皇制度に文句をつける者は非国民であるといった意識や、恐れ多い存在である天皇を批判したり茶化したりするのはもっての外であるといった意識がうかがわれる。

ところが、そうした行き過ぎをチェックすべき存在であるはずの裁判所においても、天皇を特殊化し、権威を持つものとして取扱おうとする意識が濃厚に見られる。

敗戦、それにともなう民主化、憲法の制定によっても、当時の裁判所の天皇に対する意識が変更しなかった事例を、「プラカード事件」に見ることができる。この事件は、一九四六年五月一九日の食糧メーデーに参加した労働者が、「詔書　國體はゴジされたぞ　朕はタラフク食ってるぞ　ナンジ人民　飢えて死ね　ギョメイギョジ」と書いたプラカードを持っていたため、刑法七四条一項の不敬罪にあたるとして逮捕・起訴された事件であった。ちなみに不敬罪とは、「皇室ニ対スル罪」の一つとして規定されており、天皇・皇族に不敬の行為を行った者を処罰するというものであったが、不敬とは皇室の尊厳を害する一切の行為と解されており、天皇に対して不敬罪を犯した者は三月以上五年以下の懲役が科せられるとされていた。そして多くの憲法学者は、この罪は大日本帝国憲法三条の「天皇ハ神聖ニシテ侵スヘカラス」なる規定から直接導かれるものであると説いており、天皇の地位ひいては国体と不可分のものと考えられていた。したがって、敗戦によって天皇の地位が根本的に変わり、天皇中心の国体が変更された以上、不敬罪の存在根拠はなくなったとすべきものであった。

そこで、一九四六年一一月二日の第一審・東京地方裁判所判決は、天皇の地位の変更による不敬罪の消滅を認めたのであるが、この行為を放置し難いと考えたのか判決は、「象徴たる天皇の名誉の特に尊重せられるべきは敢へて多言を要しない」として、名誉毀損罪の成立を認めた。この判決も、象徴である天皇の地位が国民一般よりも高いとみている点で現在の視点からは問題があるが、控訴審である東京高等裁判所は四七年六月二八日、不敬罪の成立を認めた上で、前年一一月三日の大赦令によって不敬罪は赦免されることになっていることを理由に、免訴とした。この判決は、日本国憲法の下でも、天皇は元首で、「一般人民とは全く異なつた特別の地位」にあるとして名誉毀損罪の特別罪として不敬罪の存在を認めたものだが、同時にこの判決は、天皇の「特別の地位と職能とが正当に保持せられてこそ始めて日本国がその正常な存立と発展とを保持せられる」として、日本国の運命を天皇と不可分のものとし、「天皇なくして国家なし」との思想を示すものでもあった。最高裁の四八年五月二六日判決（刑集二巻六号五二九頁）の多数意見は、不敬罪に該当するかどうかの実体判断に入らず、大赦令を理由に免訴としたが、その少数意見においては不敬罪の合憲性を認めるものもあった。ともあれ、この事件は、当時の裁判所の天皇観を端的に示しており、それが旧天皇像の引き写しであったことが分かる。

このように天皇を特別の存在とする裁判所の態度は、象徴天皇制の歴史がつみ重ねられても、あまり変わることなく維持されてきたようである。たとえば、右翼テロ事件である嶋中事件にからんで赤尾敏大日本愛国党総裁が裁かれた事件の判決の補充説明で、東裁判長が、深沢七郎の『風流夢譚』について、「日本の国民なら夢にもできない内容」と述べたり、一九六六年一般参賀で発生した「パチンコ玉投射事件」（天皇の戦争責任を追及する元兵士が、天皇にパチンコ玉を投射した事件）や「発煙筒事件」（同様の見地から発煙筒をたいた事件）の被疑者がいずれも長期勾留された上、かなりの厳罰が科せられたことは、裁判所が天皇に対する犯罪を特別扱いしていることを示すものであるが、これは天皇を特別視しているところから生じているように思われる。

また、右の「パチンコ玉投射事件」では、天皇の証人尋問や供述調書の作成・提出も裁判所によって認められず、天皇が犯罪の被害者になった場合には一般国民とは異なる取扱いがなされることを裁判所は示唆した。民事事件でも、かなり早い段階の一九五一年二月一九日の東京地裁判決は、天皇不適格確認訴訟で、「天皇は一般的に裁判権に服しない」としていたが、昭和天皇の病気回復を願う記帳所を県が設置したことは違法であるとして、県民から提起されていた現天皇を相手どった不当利得返還訴訟において、最高裁第二小法廷は、八九年一一月二〇日、「天皇は日本国の象徴であり日本国民統合の象徴であることにかんがみ、天皇には民事裁判権が及ばないと解するのが相当である」との判断を示し、民事事件においても天皇は特別の地位にあることを認めている。天皇にも民事責任は当然にあり、民事裁判権も及ぶとするのが学説における多数説であるが、象徴であることを理由に平等原則を否定することには合理的根拠はないと考えるべきであろう。まして、皇后その他の皇族に、民事裁判権が及ばないとする根拠はない（同旨、東京高裁七六年九月二八日判決）。しかし、最高裁が、まったく具体的理由も示さずに天皇の特殊な地位を認めたことは、天皇を特別の存在とする立場の者には大きな応援となったと言えよう。

## 12 「右翼」によるおどかし

天皇や天皇制度に批判的な言論を述べたり、行動をとる者に対しては、「右翼」による脅迫や暴力行使が行われ、その発言や行動は沈黙化させられようとしている。それは、天皇について語ることは怖いことだとの雰囲気を一般的に作り出し、「菊タブー」「天皇タブー」を生み出す傾向があり、天皇・天皇制度に関する表現を著しく貧しくしている。

天皇や天皇制度あるいはそれに関わる事柄を批判的に取上げる者に対して、占領下では雌伏していた「右翼」による脅迫に近い抗議が行われるようになったのは、独立回復後の一九五〇年代になってからである。五六年には、中野雅夫の小説『三人の放火者』が皇后に対する不敬であるとして、「右翼」が作者を襲撃して一カ月の重傷を負わせる事件が起こっている。また、皇太子をモデルとした藤島泰輔の小説を映画化した日活の『孤独の人』についても、皇室を売り物にしたとして抗議が行われているし（五七年）、同様に、多くの国民に涙を流させ、日露戦争を肯定的に扱い愛国心を鼓舞した、新東宝の『明治天皇と日露大戦争』に対しても、嵐寛寿郎扮する明治天皇が登場したこともあって、抗議が行われた。また、この時期、紀元節の復活に疑問を呈した三笠宮に対しても、「右翼」は抗議運動を起こしている。しかし、この時期の「右翼」の行動は散発的であったし、それを上回る「開かれた皇室」ムードが一般的であったので、特に表現活動が圧迫されるというようなことはなかった。

「右翼」の活動が、表現活動に特に脅威になってきたきっかけは、一九六〇年末の「中央公論」一二月号に掲載された深沢七郎の『風流夢譚』をめぐる脅迫・テロからである。この小説は、六〇年安保闘争のイメージを背景に書かれたものであり、主人公の夢の中で革命が起こり、天皇や皇太子夫妻が処刑されるといった情景などが、ユーモラスに非現実的に描かれていたが、「右翼」を中心にその内容に対して反発・抗議が起こり、その結果、六一年二月一日には右翼青年が嶋中鵬二中央公論社社長宅を襲い、居合わせたお手伝いさんを殺害し、社長夫人に重傷を負わすという「嶋中事件」が発生した。すでにこの前年、安保闘争の中で社会党・河上丈太郎が「右翼」に刺される事件、岸首相が刺傷する事件、そして浅沼稲次郎社会党委員長がその演説中に右翼青年によって刺殺される事件が相次いで起こっていたため、この嶋中事件によって言論界（とりわけ出版社）は衝撃を受けるとともに、極度の恐怖心から萎縮していくことになった。逆に、この事件の社会に及ぼした影響・威嚇効果に自信を深めた「右翼」は、引き続き、天皇関係の表現物に対して、抗議・脅迫を加えていくことになった。ややこの事件より前だが、「文学界」六一年一、二月号掲載の、浅沼事件加害者をモデルとした大江健三郎の小説『セヴンティーン』に対する抗議（編集者謝罪・第二部は大江の全集にも未登載）、事件後の、「教育評論」二月臨時号掲載の、ズロースに菊の紋章をつけた転校児童をめぐる小学校の混乱をユーモラスに描いた戸田光典の小説『御璽』に対する抗議（全文削除）は、表現者・出版社にとって、天皇問題にふれることの危険性を痛感させた。その結果、「思想の科学・天皇制特集号」は、同年末、発行所たる中央公論社の自主規制によって発行が不可能となった。また、義宮の結婚問題をめぐって「日本読書新聞」が「右翼」の抗議文の掲載を行うことになった事件（六四年）、立正佼成会の「佼成新聞」が靖国神社問題を扱った天皇マンガで抗議を受け宮内庁に陳謝した事件（七二年）などが広く知られている。加えて、「右翼」の抗議は出版物以外にも及び、元清宮の島津貴子が西武ピザのアドバイザーに就任したことについて西武デパートに対して糾弾文が送られたりもしている。このように表面化した事件以外にも、「右翼」は、六〇年代半ばから七〇年代にかけて、天皇問題を批判的に扱った論文等を執筆した学者に、抗議文や斬奸状を執拗に送り付けたり、学会に押し掛けたりしていた。こうした脅しによって、この時期には天皇・天皇制を批判する出版物はいったん書店の店頭から姿を消すことになってしまった。

しかし、なぜか七〇年代に入って「右翼」よりの抗議・糾弾は緩和される傾向にあったが、それでも、妨害による演劇『20C悲劇〈天皇祐仁《ママ》〉』公演の中止（七八年）、八〇年の「噂の真相」の謝罪、桐山襲の『パルチザン伝説』の単行本化中止（八三年）、天皇パロディ画掲載の「新雑誌X」編集室の破壊（八四年）、浩宮の写真で「ペントハウス」が謝罪・回収した事件（八五年）、高松宮に関するエピソード記事での「週刊新潮」への糾弾（八七年）のように、天皇問題の取扱い次第では、「右翼」の活動は無視できなかった。そして、八〇年代の後半以降、特に昭和天皇が重体になってから、「右翼」の活動は活発化し、天皇・天皇制を批判する者に対しては、文書による抗議・糾弾・脅迫、無言電話・深夜電話・脅迫電話、電柱等への威嚇的・脅迫的ビラの貼布、拡声器つき自動車による威嚇デモなどによる圧力が加えられるとともに、昭和史を扱った福島菊次郎写真展への銃弾発射（八九年）、大嘗祭について批判的声明を発表したキリスト教系四大学長の一人である弓削フェリス女学院大学長宅への銃弾射撃（九〇年四月一二日）などの直接的テロ活動や、天皇の戦争責任について発言した本島長崎市長への銃撃事件（九〇年一月一八日）まで発生するにいたっている。

こうして今日、天皇問題について批判的に発言しようとする者は、ある場合には覚悟を決めてかからなければならない状況にあり、このため、本来なされるべき者の発言がなされなかったり、述べられるべき見解が述べられなかったりしている。天皇問題について口を開くのは怖いといった風潮は、民主主義の確立のためにも困ったことであるとともに、天皇は特殊な存在であるといった雰囲気を社会に作り出すものであり、この脅しに屈することは、脅しを行う者をますます力づけ、その効果に確信を持たせることになるだろう。

# 四　代替わり儀式と象徴天皇制

## 1　代替わり儀式と法

　昭和天皇の死去にともなって、象徴天皇制としては初めての代替わり儀式が進行している。過去の天皇と現在の天皇の相違からすれば、代替わり儀式が行われるとしても、それは日本国憲法の趣旨に則った、国民主権原則に基づく、まったく新しい儀式であるべきであった。しかし、実際に行われてきた儀式、そしてこれから行われようとしている儀式は、敗戦前のそれを原則的に踏襲している。これを法的にどのように見るべきだろうか。

　敗戦前の日本において、天皇の代替わり儀式については、大日本帝国憲法とならぶ最高法規である「皇室典範」がその大略を定め、その下位法規である「皇室喪儀令」「皇室服喪令」「皇室陵墓令」「登極令」などの皇室令が、特にそれぞれの附式で、儀式の手順を詳細に定めていた。

　これらの儀式は、歴史的な天皇存在の伝統に基づくとされていたが、実際には伝統そのものではなく、これまで歴史的に行われてきたものを、右の皇室令が制定された明治末期以後のそれぞれの時期に、整備・再編したものであった。したがって、たとえば天皇の喪儀をとってみても、一九二六年制定の皇室喪儀令は、孝明天皇までの江戸時代の天皇の喪儀が仏教方式で行われていたのを変更して、神道方式を採用している。

ともあれ、敗戦前の明治天皇から大正天皇へ、また大正天皇から昭和天皇への、二度の代替わり儀式は、基本的に右の皇室典範や皇室令に基づいて行われたが、それは一貫して神道儀式としての色彩を有するものであった。しかし、大日本帝国憲法の下では、憲法上には明文規定はないものの、祭祀大権が当然のように天皇にあると認められていたことから分かるように、国家・天皇と宗教の分離は徹底しておらず、むしろ神道は諸宗教を超越するものとして、国家による特別の保護を受けていたので、天皇が主体となって行う代替わり儀式が、神道儀式として行われたとしても、およそ憲法上の問題はなく、むしろそのような方式で行われることが当然と考えられていた。

この当時、皇室典範が規定していた代替わり儀式には、践祚(剣璽渡御ノ儀・践祚後朝見ノ儀など)、元号制定(一世一元制)、即位ノ礼、大嘗祭(この両者は京都で行う)があり、これに加えて皇室喪儀令が定める大喪ノ礼があった。

しかし、日本国憲法の施行とともに皇室令はすべてその効力がなくなった。そして、法律である皇室典範は、皇位の継承があったときに「即位の礼」を行うこと(二四条)、天皇が崩じたときに「大喪の礼」(二五条)を行うこと、を定めているだけである。国民主権原則の憲法の下では、これら二つの儀式を行う必要はないが、行ったからといって違憲と言うことはできないだろう。もっとも、公的にこれら儀式を行っていいからといって、どのように行ってもいいというわけではない。儀式の内容次第では、政教分離原則と抵触するなどとして、違憲となりうる。けれども、現在までのところ、この二つの儀式の内容や、手順を定めた法律は成立していない。本来、代替わりが現実となる前に、国会で十分な議論をした上で、立法しておくべきものであった。

現在の皇室典範は、「天皇が崩じたときは、皇嗣が、直ちに即位する」と規定しており(四条)、「天皇崩スルトキハ皇嗣即チ践祚シ」と定めた旧典範(一〇条)と異なり、践祚の概念を認めておらず、したがって、践祚と即位の区別はなされていない。また、大嘗祭や践祚に関わる剣璽《けんじ》渡御《とぎょ》の儀についてはなんの規定もないが、これらの宗教儀式は、天皇家の私的儀式としてならともかく、政教分離原則からすれば公的に行うことはできないから、現在の皇室典範がこれら儀式を規定していないのは当然である。また、元号の制定や践祚後朝見の儀などは、天皇が統治している時代ならともかく、国民主権の時代には問題があるので、これらが規定されていないのも当然である。

しかし、一九四七年五月三日の宮内府依命通牒により、日本国憲法施行のときから、皇室祭祀や皇室儀式は旧皇室令に基づいて行われてきている上に、皇太子結婚式（五九年）の賢所大前の儀が国事行為として公的に行われたことなどから、皇室典範に規定する以外の代替わり儀式も旧皇室令に基づいて行われるのではないか、また、そのなかの神道式で行われる儀式のいくつかが公的儀式として行われるのではないか、といった点が危惧されていた。また、皇室典範が規定する二つの儀式も、旧皇室令の定めるような神道色を帯びたものとして行われるのではないかとの疑問もあった。そして政府は、これらの点につき、「憲法の趣旨に沿い、かつ皇室の伝統等を尊重したものになる」（たとえば八八年一〇月二九日答弁）とするだけで、具体的内容などについては一切明言してこなかった。

そして、一九八九年一月七日午前六時三三分がやってきた。そこから一連の代替わり儀式が始まった。それは、この問題に対する政府の公式回答書を意味している。具体的にその実態をみて、憲法的評価を加えてみよう。

## 2　「践祚」関係儀式

「践祚」関係儀式についてふれる前に、昭和天皇死去後に法的根拠のないまま公的に行われた諸事項についてふれておこう。

昭和天皇が死去した事実は、一月七日の内閣告示によって公式に告示された。旧憲法下では、皇室喪儀令が、宮務の責任者である宮内大臣と政務の責任者である内閣総理大臣の連署で「崩御」したことを公告すると定めていたが、現在は法的根拠は存在しない。現在は、宮務と政務の区別はないので、内閣総理大臣名で告示されたのだが、象徴の地位にある者が死去したことであるし、その場合ただちに新天皇が即位するのであるから、「崩御された」との言葉遣いに異論はあっても、死去の事実を告示することには憲法上の問題はないであろう。同様に、法的根拠はないが、皇太子が皇位を継承したことが内閣総理大臣名で告示されたことについても、敬語の使用に異論はあっても、問題はなかろう。

同日、内閣総理大臣・衆議院議長・参議院議長・最高裁判所長官による「謹話」が出され、九日には両院でそれぞれ「弔詞」が可決されているが、その内容には異論があるとしても（たとえば、首相謹話中の「お心ならずも勃発した先の大戦」との認識について、批判論が出されている)、また、「謹話」という言葉に反発する者があるとしても、このような声明を出すことについては、問題はないであろう。

ところで、旧憲法下では、皇室喪儀令が「天皇崩御シタルトキハ當日及其ノ翌日ヨリ五日間……廢朝ス」と定めていたので、新天皇はこの間いっさいの公務を行わず弔意を示すことになっていたが、皇室服喪令で皇族とともに臣民も大喪の間は喪に服することが命じられていた。そして、大正天皇死去時には、「大喪ニ付一般心得」が内閣より出されて、服喪のあり方が示されたが、これによれば、①天皇のための大喪は諒闇《りょうあん》とされその期間は一年とされるとともに、②廃朝の間は囚人の服役を特免し、死刑執行・歌舞音曲を停止することとされ、③喪服の種類等とともに、死去後五〇日間は、和服はその左胸に蝶形結の黒布を、洋服は左腕に黒布を、喪章として付けることとされ、④弔旗の掲揚の仕方にも特定の方式が求められていた。

現在、天皇の死去による服喪に関する法規定は存在しない。しかし、昭和天皇死去の場合にも、閣議決定によって、省庁については、死去当日を含め六日間、①弔旗を掲揚すること、②歌舞音曲をともなう行事・儀式を控えることを求め、同様のことを行うよう地方公共団体に要望するとともに、会社等民間についても当日を含め二日間、同様のことを要望した。ここでは、地方公共団体や民間については要望であり任意とされているが、実際には関係省庁をとおしてかなり強力な指導が行われている。また、学校等については、公私立学校長などに宛てた通知が文部省によって出されており、省庁と同様の対応を行うよう配慮を求めるとともに、死去当日または始業日等に、黙禱・講話・授業中止などで弔意を表明するよう配慮を求めた。もっとも、さすがに、喪章を付けることや、国民一般が服喪することは今回は求められなかった（強制的に求めたとしたら、思想・良心の自由侵害として違憲である）。しかし、国民主権の下での象徴天皇の死去について、このような服喪を省庁等に強制したり、実質的に強制にわたるような指示を地方公共団体・民間に行うことは、憲法の趣旨からすると望ましいことではないし、民間等に対する対応において強制の要素があれば違憲である。まして、黙禱による弔意の表明を個人（公務員・学生・生徒・児童）に強制するなどは、明らかに思想・良心の自由を侵害するものであるが、実際にはいくつかの学校で黙禱の強制が行われたようである。

さて、次に、昭和天皇死去直後に行われた明仁天皇の就任諸儀式をみてみよう。実際には、次に紹介するような諸儀式が行われたが、皇室典範は践祚の概念を認めていないので、これら諸儀式は「即位」の儀式の一環として行われた。法律の根拠のある元号制定はともかく、その他の儀式は法的に規定されていないのだが、閣議決定によって、その一部は公式なものとして行われた。公式に行われた儀式を法律から根拠づけるとすると、「即位の礼」概念を拡大し、これの一部として行われたとするしかなく、政府は実際にそのようなものと位置づけたが(小渕官房長官)、「即位の礼」が狭義の即位の礼と旧践祚の両者を含むと解釈するのはかなり無理がある。その意味では、元号制定を除くと、少なくとも公的には行われるべきではなかった諸儀式である。

**剣璽等承継の儀**

旧憲法下では、践祚儀式として、①掌典長が奉祀する「賢所ノ儀」(三日間)、②同じく掌典長が奉祀する「皇霊殿神殿ニ奉告ノ儀」、③三種の神器の継承儀式である「剣璽渡御ノ儀」、④天皇が剣璽とともに総理大臣以下の文武高官等を謁見し総理大臣等が天皇に忠誠を誓う「践祚後朝見ノ儀」の四儀式が行われているが、ほぼ同じ時間に行われるのが①(第一日の式)②③の儀式である。特に、①と③を同時に行うことに注意したい。

このたびの代替わりにおいても、①②の儀式は行われたが、それらは、宮中三殿で行われる儀式であることから明らかなように、神道式で行われる宗教儀式そのものであるから、政教分離原則からして公的儀式として行うことは許されないので、皇室の私的儀式として行われた。

皇室も私的に宗教活動を行う自由はあるので、憲法上は問題ないだろう。

③は「剣璽等承継の儀」と名前を変え、剣璽とともに国璽・御璽が承継される儀式として位置づけられたが、この儀式は、天皇死去当日、総理大臣等三権の長らが参列するなかで行われた。この儀式は、宗教儀式ではないとの理解で、閣議決定で国の儀式(七条一〇号の国事行為)とされた。儀式の内容は、宮内庁長官が定めるとされていたが、実際は、奉仕する者の役職には変更があったが(内大臣など現在存在しない)、登極令の附式に基づいて行われたので、昭和天皇の「剣璽渡御ノ儀」とほぼ同様であった。すなわち、侍従によって捧げ持たれた剣と勾玉《まがたま》(璽)が天皇の前の案上に置かれ、次いで国璽・御璽が置かれ、その後天皇はこれらを捧げ持つ侍従を従えて退場するという、わずか四分間の儀式であった。そして、この儀式には、従来どおり、皇族女子は参列していない。

この儀式は、一見する限りでは宗教色はないし、このたびは「渡御」という、剣璽が自分で動くという神秘的・宗教的意味を持つ言葉の使用は避けられたし、また、「等」という言葉を使用することで剣璽と世俗的性格の国璽・御璽とを並列化して儀式自体の性格を曖昧にするといった工夫で、その儀式の持つ宗教性は明白ではなくなった。しかし、この儀式は、先に注意したように、①と同時に行われているように、①②の宗教儀式と不可分である上、剣璽の承継は鏡剣璽の三種の神器の継承を意味するものであって、三種の神器は単なる皇室の宝物ではなく高度の宗教性を持つものであるから、この儀式は宗教的儀式と言わねばならない。神道関係者は、そのことを、「神器の継承とは祭祀継承の意である」などと述べているのである。また、そのことから、三種の神器の継承は、天皇が天照大神の御霊代を受け継ぐことでもあるから、天皇を神とする儀式としても位置づけられてきたのである。

こうしてみると、名前をいかに変更しようとも、この儀式は宗教的目的を持つ儀式と言わざるをえないので、最高裁の「目的・効果基準」からみても政教分離原則に違反した儀式であって、国の儀式として行うことは許されない儀式であったと言える。また、皇祖神の霊位を表す神器の継承によって天皇の地位の継承が正統化されるという考え方は、神勅を天皇位の根拠とする旧憲法の立場であって、主権の存する国民の総意を天皇位の根拠とする日本国憲法とは合致しないので、この儀式は国民主権原則にも違反している。

なお、皇室経済法七条の「皇位とともに伝わるべき由緒ある物は、皇位とともに、皇嗣が、これを受ける」という規定は、由緒ある物が分割相続によってバラバラになることを避けるための財産上の処理規定であって、この規定は「剣璽等承継の儀」の根拠規定ではないが、仮にこのような儀式を根拠づけているとしたならば、皇室経済法は憲法の下位法であるので、その規定は違憲無効であるから、いずれにしても、この儀式の根拠とはならない(第一章参照)。以上の諸点からすれば、結局、「剣璽等承継の儀」も皇室の私的儀式として行われるべきものであったと言えよう。

**即位後朝見の儀**

旧憲法下の「践祚後朝見ノ儀」は、名前を変えて、国事行為として一月九日に宮中で行われた。宮内庁長官が決めたその式次第では、神としての天皇が入場する前に称えられる「警蹕《けいひつ》」はなく、剣璽は捧持されず、服装はモーニング等に現代化されていたものの、登極令の附式に定めるものとほぼ同様の儀式として行われた。すなわち、三権の長や議員代表や知事代表の参列するなか、天皇・皇后・男女皇族が入場し、天皇が一段高い壇上から「おことば」を読み、次いで天皇の前に進んだ内閣総理大臣が「奉答」するというものであった。

そもそもこの「朝見」という言葉は、辞典によれば(たとえば『国語大辞典』)、「臣下が宮中に行って天子に会うこと、天子に拝謁すること」を意味するのであるが、この言葉は国民主権下においてはふさわしくない。また、新天皇が政府関係者等に就任の挨拶を、少なくとも対等の立場で行うものとして儀式が行われるならともかく、天皇が一段高い所から訓示をたれるといった、旧憲法下の朝見の儀に類似した様態がとられたこと、竹下首相がそれに低い立場から答え、またその「奉答」が、「謹んで申し上げます」に始まり、「おことばを賜り」とか天皇を「仰ぎ」とかの言葉を用い、「最善の努力を尽くすことをお誓い申し上げます」と天皇への誓いの言葉で結んだことは、天皇と臣下の関係を思わせるものがあり、臣民が天皇に忠誠を誓う儀式の性格を持っていた旧儀式を彷彿とさせ、現憲法の天皇の地位や国民主権原則からすれば問題が残った。

もっとも、この儀式を単独の儀式とみれば、旧朝見の儀とは異なり、剣璽も用いられていないので、宗教色はなく、政教分離原則との抵触は生じていないと言えるが、あくまでもこの儀式は一連の践祚儀式の流れのなかの一環であるとして把握し、他の儀式と不可分であると見るならば、右の原則に違反しているとすることもできよう。

一方、天皇の「おことば」の形式・内容は、過去のそれが臣民に対する命令調であったのに比して、「皆さん」とか「……ます」とかが用いられ、内容も憲法遵守を誓うなど自戒を中心としている点で、一応憲法上の問題はなかったと言える。ただ、「皆さんとともに日本国憲法を守り」と述べたことにつき、「皆さん」が列席している公務員を示しているならともかく、国民を含むものであるなら（その後の天皇の記者会見での発言をみれば、国民を含むものとして意識されている)、国民は憲法を守らせる存在であって、守るべき存在ではないのではないかとか、国民にも遵守義務が仮にあるとしても公務員の遵守義務とは質的に異なるのではないかとかの疑問が提示されている。加えて、天皇の公的な「おことば」はすべて内閣の責任においてその内容・用語が決められており、天皇個人の肉声ではないし、また肉声であるべきものでもないことにも注意しておきたい。政治的権能を一切認められていない天皇には、その内容に私的意思を入れる余地はないからである。

なお、天皇の「おことば」中に、昭和天皇の在位期間が「六十有余年」とあるのは、旧憲法と新憲法の天皇とを継続してとらえている点で問題があり、また、昭和天皇が「ひたすら世界の平和と国民の幸福を祈念され」ていたという点などについては、異論を唱える人もいる。

## 元号制定

元号については、一九七九年制定の元号法が存在していたので、これを根拠に一月七日午後の閣議決定で新元号「平成」を定め、政令で公布し、翌八日から施行された。一部で主張されていた、翌年から改元する「踰年改元」はとられなかった。

すでに元号法が制定された七九年、「元号の選定手続について」が閣議報告されており、元号制定にあたっては「高い識見を有する者」若干名に候補案の考案を委嘱し、総理府総務長官が提出された候補案を検討・整理し、結果を内閣総理大臣に報告するが（のちに内閣官房長官が行うことになる）、それを内閣官房長官・総理府総務長官・内閣法制局長官の会議で精査した上で数個の原案を選定し（のちに総務長官は外れ、法制局長官の意見を聞いて官房長官が選定することになる）、全閣僚会議が原案を協議する一方で両院・正副議長の意見を聴取した上で、閣議において政令を決定することになっていた。これを天皇死去直後に変更し、原案選定にあたっては各界の有識者による「元号に関する懇談会」を開いてその意見を求めることとされた。

実際の制定過程をみると、すでに候補案の提出は行われていたが（原案もすでに決定されていたとする説が有力である）、形式的に天皇死去直後に考案を委嘱しそれに応じて提出をした形をとり、その上で同日正午すぎに二長官会議を開き三案を選定した形をとり、急遽「元号に関する懇談会」のメンバーが発表・招集され、その懇談会は午後に開催され、そこに平成・修文・正化の三案が示されたが、若干の討議もあって平成で決着し（誘導があったとの説もある）、両院・正副議長の意見を形式的に聴取して、閣議決定されたようである。推測になるのは、制定の詳しい経過が公表されていないためで、このため、より民主的で開かれた手続で行われるべきであったし、事後には経過を国民にきちんと公表すべきであるとのもっともな批判を浴びることになっている。

しかし、最大の問題は、元号制定過程における天皇の役割である。元号法においても、「元号の選定手続について」においても、制定過程に天皇が登場することはないはずである。そして、この点で、元号法は、天皇が元号を制定するという従来の伝統を破っていたのであったから、実際の過程における天皇との関係が注目されたわけである。残念ながら、実際にどうであったかは分からない。けれども、昭和天皇が重体に陥ってから、竹下首相は何度か現天皇(当時・皇太子)を訪問しているので、この段階で首相は原案を提示し、現天皇の意見を聞き、「聴許」を得ていたのではないかとの噂がある。これが事実であるなら、現憲法の天皇の地位・権能に違反しているし、元号法にも反し、また、「天皇がお決めになるというものとはほど遠い」としてきた政府の態度とも矛盾している。これとは別に、全閣僚会議が新元号を平成と決めた後、閣議で決定されるまでの間に、藤森宮内庁長官は、天皇に新元号を伝えたとされている。これは元号勅定を要求する「伝統主義者」を納得させるために、天皇が元号制定過程に関与する形をとるべく行ったものであろうが、元号法からは不必要な行為であるし、妥当な行為とは言えない。

## 3　大喪の礼

一九八九年二月二四日には、昭和天皇の喪儀が一六三ヵ国・二八国際機関の弔問使節・代表や内外の代表九八〇〇人が参列するなか、新宿御苑を中心として行われた。

旧憲法時代には、皇室喪儀令がその第一章で大喪儀につき大枠を定め、附式が詳細に儀式の種類や具体的挙行方法を定めていたが、それによれば、大喪儀は殯宮移御《ひんきゅういぎょ》の儀にはじまり、大祓の儀に終わる、一年間にわたる一連の儀式からなっていた。しかし、その中心儀式は、斂葬《れんそう》の儀であり、それは一般の葬式にあたる葬場殿の儀と、墓への埋葬前の式にあたる陵所の儀からなっていた。また、皇室喪儀令には、これら儀式に加えて、追号《ついごう》（天皇のおくり名）を勅定すること、廃朝のこと、大喪儀の事務を掌理する大喪使が宮中に置かれることなどについての規定もあった。ただし、この他に櫬殿《しんでん》関係の儀式があったが、これは皇室内儀であるため皇室喪儀令にも規定がなかった。

これに対し、現在は、皇室典範が「大喪の礼を行う」と定めただけで、どのような儀式が、どのように行われるかを定めた法規範は存在しない。しかし、前から予想されていたように、他の諸儀式と同じく、昭和天皇の喪儀関係儀式は皇室喪儀令に準拠して行われた。もっとも、現在は政教分離原則が存在するため、宗教色の強い儀式(ほとんどがそうであるが)は皇室の私的儀式として行われた。たとえば、陵所地鎮祭の儀(一月一七日)・殯宮移御の儀(一九日)・殯宮日供《にっく》の儀(二〇日から二月二三日まで)・殯宮拝礼の儀(二一日)・追号奉告の儀(三一日)・陵所祓除の儀(二月二三日)・山陵日供の儀(二月二五日から翌年一月六日まで)などがそれである。

このたびの特徴は、神道式葬儀である葬場殿の儀と区別して、「大喪の礼」が行われたことで、これは神道色を抜いて国事行為として公的に行われた。これに加えて、霊柩が皇居を出てから大喪の礼の式場である新宿御苑に到着するまで(車列)と、大喪の礼の後に霊柩が式場を出発して八王子の陵所に到着するまで(車列)が国事行為として行われた。したがって、皇室典範のいう大喪の礼は、右の狭義の「大喪の礼」とその前後の車列を指すことになる。これ以前に皇居で行われた斂葬当日殯宮祭の儀と轜車《じしゃ》発引の儀、および従来の斂葬の儀である葬場殿の儀と陵所の儀は、私的な皇室儀式として行われた。

「大喪の礼」それ自体は、一応宗教色が排除されていたが、その直前に、しかも同じ場所で葬場殿の儀が行われ、それに引き続いて行われたために、政教分離原則と抵触するのではないかとの問題が生まれた。実際の手順では、参列者が見守るなか、霊柩が会場に到着し、小さな檜造りの鳥居が前に建てられた葬場殿に安置された後、いったん幔門《まんもん》が閉じられ、大真榊《おおまさかき》が飾られ、その後開幕して祭官による葬場殿の儀が行われた。これが終わった後、再び幔門を閉じ、約一〇分間の合間をとり、この間に鳥居や大真榊を取り外し、祭官が退出した後、幔門を開いて「大喪の礼」が挙行された。政府は、この断絶を理由として、両者は区別されており、政教分離は果たされているとしたが、しかし、「大喪の礼」参列者は原則的に葬場殿の儀からの出席が要請されたこと、葬場殿の儀参列者とそれには参列せずただ見守るだけの者との区別が明確でなく、左右に向かい合うテントに居る者はすべて葬場殿の儀にも参列しているようにしか見えなかったこと、大喪の礼のみの参列者も、葬場殿の儀の進行にともなって起立を求められたことなどから、二つの儀式は一体のものとして行われたように見え、両者の区別は判然としなかった。このため、葬場殿の儀も公的儀式として行われたかのようになってしまうとともに、「大喪の礼」にも神道的色彩が残ることになったので、これら儀式が政教分離原則に違反するとの批判が起こるのは当然であった。本来、葬場殿の儀は宮中で行われるなど、別の場所で別の時間に行うべきものであった。それを行わなかったため、鳥居の取り外しなど、儀式としてもきわめて見苦しくなっており、客観的にはかえって皇室儀式を傷つけるものとなったのである。

なお、大喪の礼に参加しようとすれば葬場殿の儀に参加せざるをえなかったこと、および葬場殿の儀に参加している者には起立が求められ、それは実質的な強制として働いたことは、いずれも出席者の信教の自由と抵触する場合があろう。

また、皇室儀式である葬場殿の儀にも公費が支出され、鳥居の建立や大真榊の費用などにも使われるとともに、内閣総理大臣など三権の長も公人の資格でこれに出席した。これにつき政府は、「天皇は日本国の象徴であり、国民統合の象徴であるので、その葬式は皇室が行うものでも、国民的敬弔の対象として公的性格をもつ」(味村内閣法制局長官八九年二月一〇日衆院内閣委員会)として、「公的性格」を理由に違憲ではないとしている。しかし、国民的敬弔の対象としては大喪の礼を行うのであるから、二重に国が関与する必要はないし、仮にそれが「公的性格」(ここでいう「公」の意味はよく理解できないが)を持つとしても、憲法の禁じる方法で国がそれに関与することは許されない。こうした支出・出席は、宗教的目的を持つものであり、国が過度に特定の宗教儀式に関わったものだから、違憲と言わねばならない。なお、これまで、貞明皇太后・秩父宮・高松宮の神道式葬儀にも国費が支出されているが、これ自体に問題があり、これらを先例とすることは妥当ではない。

## 4　即位の礼関係儀式

践祚と区別した場合の「即位」に関係する儀式は、即位の礼と大嘗祭である。旧皇室典範は、この両者を京都で行うと定め(一一条)、それを受けた登極令は、両儀式は秋冬の間に引き続いて行うこと、諒闇中は行わないこと、事務掌理のため大礼使を置くこととともに、具体的儀式を本文で定め、各儀式の手順は附式で詳細に定めていた。

現在は、皇室典範が「即位の礼」を行うことを定めただけで、それ以外の法令はない。しかし、ここでも登極令が実際は生きていることになるはずである。両儀式に関連する儀式は、一つの儀式として行われるものが多いが、便宜的に二つに分けて見てみよう。

### 即位の礼

明仁天皇が行う国事行為としての即位の礼は、一九九〇年一一月一二日に行われる「即位礼正殿の儀」「祝賀御列の儀」と、一二日から一五日まで四日間宮殿で行われる「饗宴の儀」の三つである。また、一二日は休日とされた。しかし、それ以前にもかなり多くの皇室儀式が私的に行われることになっている。

現憲法下で即位の礼を行う場合には、憲法原則、とりわけ国民主権原則と政教分離原則に合致していなければならない。したがって、憲法九九条が天皇の憲法尊重擁護義務を定めているところからすれば、その儀式内容は、新天皇が主権者たる国民に対して憲法忠誠を誓う儀式を中心として構成されるべきであろう。しかし、宮内庁が発表した予定表を見ると、実際の即位の礼は、昭和天皇のそれを「前例」としながら、登極令に則して行われようとしている。

登極令によれば、即位の礼(大嘗祭)の最初の儀式は「賢所に期日奉告の儀」であるが、すでにこれは「皇霊殿神殿に期日奉告の儀」とともに一九九〇年一月二三日に行われた。また、「神宮神武天皇山陵竝前帝四代ノ山陵ニ勅使発遣ノ儀」(現在は、「神宮神武天皇山陵及び前四代の天皇山陵に勅使発遣の儀」)も同日に宮殿で行われている。「神宮に奉幣の儀」「神武天皇山陵及び前四代の天皇山陵に奉幣の儀」(以下、この節で平仮名の場合は現在の名称)も一月二五日に終わった。登極令では、この後、賢所が京都に移ることに伴う儀式として「京都ニ行幸ノ儀」「賢所春興殿ニ渡御ノ儀」があったが、今回は東京で行われるので、これら儀式は必要ない。

したがって、次の儀式は、「即位礼当日賢所大前の儀」「即位礼当日皇霊殿神殿に奉告の儀」である。しかし、以上の儀式は、すべて神道儀式であるので、これらはすべて私的な皇室儀式として行われているが、憲法的には妥当と言えよう(問題があることは、後に述べる)。即位礼正殿の儀以後の儀式についてみても、「即位礼後一日賢所御神楽ノ儀」は今回は省略されており、また、「東京ニ還幸ノ儀」は不要だが、「即位礼及び大嘗祭後神宮に親謁の儀」「即位礼及び大嘗祭後神武天皇山陵及び前四代の天皇山陵に親謁の儀」「即位礼及び大嘗祭後皇霊殿神殿に親謁の儀」「即位礼及び大嘗祭後賢所御神楽の儀」は登極令と同様に行われ、新たに「即位礼及び大嘗祭後賢所に親謁の儀」が加わっているだけである。これらも私的儀式として行われるので、憲法上の問題は原則的にはない。

新たに加わり、国事行為となったのが、宮殿から赤坂御所の間をオープンカーで行う「祝賀御列の儀」であるが、この行列には儀仗・堵列・礼砲・奏楽などで自衛隊が協力することになっており、国民の間での自衛隊の認知が強化されることが予想されるとともに、この行列は国民の意識を天皇で統合することに役立つであろう。

第二の国事行為は、「饗宴の儀」であるが、これは大嘗祭の直会《なおらい》の意味を持つ大饗《たいきょう》の儀とは異なり、純然たる宴会として行われるようであるので、費用(二億円以上の支出予定)などの点では批判もあろうが、政教分離原則には反しない。

そこで、特に問題になるのは、「即位礼正殿の儀」である。外国元首など、内外代表約二五〇〇名程度の参列の下で宮殿で行われるこの儀式には、一四億を越える予算が支出される予定である。伝統的には、この儀式は唐風で行われ、仏教の影響も強かったが(天皇は高御座《たかみくら》に登壇まで灌頂《かんじょう》を行う)、明治天皇のときから和風が強調され、神道式で統一されている。具体的に、九〇年秋の儀式がどのように行われるか不明の点もあるが、基本的には登極令附式に依拠して行われるのは確実である。

すでにこの儀式で高御座が使われるのは確実で、大正・昭和天皇即位のときに用いられ京都御所に保管してあった高御座はヘリコプターで皇居に運ばれた。高御座は、儀式において天皇が立つ中央の場所に置かれるが、正面六・五メートル、高さ三メートルで、内部には鏡などが装飾されている。この高御座は天照大神の座とも皇祖の座とも言われているが、この座に立つことで天皇は天皇の位に立つと観念されている。天皇が高御座に昇る同時刻に、「賢所御床上《おゆかあげ》の儀」が行われ、賢所が高御座と同じ高さに上げられるとされていることは、高御座の意義を示すものであるが、そうした意義を持つ高御座の使用は、政教分離原則のみならず、天照大神の意思に基づく天皇位という観念を示すものであるから、国民の総意による天皇という原則と矛盾している。

また、登極令では、天皇には剣璽が従い、剣璽は侍従によって御帳内の案上に奉安されることになっているが、それが行われた場合は、剣璽等承継の儀で述べたと同じ憲法問題がここでも発生する。

旧例では、天皇が高御座に笏《しゃく》を端して立つと、参列者は最敬礼を行い、次いで内閣総理大臣が天皇の正面階段下に進み、天皇は勅語（現在なら「おことば」）を読む。これが終わると総理大臣は階段を昇り、軒の下に直立して「寿詞《よごと》」を読み、終わって総理大臣は階段を降り、そこで「天皇陛下万歳」を三唱し参列者は唱和する。もし、これが踏襲される場合には、天皇の「おことば」や内閣の奉答の内容が、まず問題となる。従来のように、それが高い所から訓示をたれるようなものであったり、臣民が忠誠を誓うようなものであっては、国民主権原則に反する。その意味では、天皇に向かっての万歳も、国民主権の趣旨をぼかすことになろう。まして、かつてそうであったように、総理大臣の万歳三唱に合わせて、全国各地で万歳が三唱されるような事態は憲法の理念とは合致しないだろう。

なお、即位の礼に合わせて、全国で官私にわたって奉祝行事が展開されるであろうが、奉祝を強制されるような事態が生じるとすれば（学校行事での奉祝など）、思想・信条の自由との抵触が問題にされよう。

## 大嘗祭

大嘗祭も一連の儀式からなっているが、その中核は、夜から翌朝にかけて悠紀殿《ゆきでん》・主基殿《すきでん》で行われる「大嘗宮の儀」で、通常これが大嘗祭と呼ばれている。明仁天皇の即位にともなう大嘗祭は、即位の礼から若干間をおいて、一九九〇年一一月二二日から二三日にかけて行われようとしている。

大嘗祭とは、皇位継承があった後に、新天皇がその年の新穀で造った御饌《みけ》・御酒《みき》などを神に供え、神とともに食べる祭祀である。同様の趣旨で毎年行われるのが新嘗祭であり、天皇一代一度の儀式が大嘗祭である。毎年の新嘗祭と異なる主な点は、新穀を収穫するために特別の田(悠紀田・主基田)が設定されること、儀式が大饗を含めて四日間に及ぶこと、特別の大嘗宮(悠紀殿・主基殿)が設営されることである。

歴史的には、大嘗祭は仲冬(旧暦一一月)下の卯の日(三卯のときは中卯)に行うこととされていたが、仲冬に行うのはその年の新穀を用いるためである。また、前天皇死亡による即位の場合には、諒闇が明けてからとされていた。通常、大嘗祭は即位儀とは別の時期に行われており、連続して行われることとされたのは、明治時代に制定された登極令からである。かつては大嘗祭の前儀として斎(物忌)が重視されており、また、一〇月下旬には京都・賀茂川上流で天皇が禊《みそぎ》・祓《はらい》を行い文武百官が供奉する御禊《ごけい》行幸があったが、江戸中期に大嘗祭が復興して以後は行われなくなっている。中世以降孝明天皇までは、悠紀田は近江、主基田は丹波・備中（例外的に播磨）と定まっていたが、具体的な斎田は抜穂《ぬきほ》の儀の直前に卜定《ぼくじょう》された。また、大嘗宮は、大嘗祭の七日前に起工し、五日以内に造営することとされていたが、「純朴簡古」なもので、大嘗祭の終了後、直ちに壊された。このような歴史的実態をみると、登極令や旧憲法下の大嘗祭の実態は、必ずしも伝統に基づいていないことが分かる。

念のために、登極令について伝統でない主なものをあげると、新暦一一月に行われること、即位の礼に引き続いて大嘗祭が行われること、庭積机代物《にわつみのつくえしろもの》を献納すること、首都でないところで挙行されること、御禊行幸を行わないこと、皇后の拝礼のあること、大饗が大嘗祭とならぶ独自の行事となったこと、神宮等の親謁が行われること、などである。

このような大嘗祭は、近年、宮中祭祀のなかで唯一の「大祀」とされ、重要視されていたが、一四六六年に後土御門《ごつちみかど》天皇が大嘗祭を行った後、江戸初期までの二二一年間大嘗祭は行われておらず、一六八七年に東山天皇が復興し、次の次の天皇である桜町天皇のとき再復興（一七三八年）して以後、昭和天皇まで中断なく行われてきた。大嘗祭を行わなかった天皇は「半帝」と呼ばれたとする説が一般に流布しているが、それは大嘗祭も即位儀も行えなかった仲恭《ちゅうきょう》天皇についてのみ言われていることで、むしろ、即位儀の方が不可欠の儀式であったとされている（岡田精司の指摘による）。いずれにせよ、大嘗祭が天皇の即位儀礼として不可欠の儀式でなかったことだけは確かである。

さて、このたびの大嘗祭は、大嘗宮の儀の場所こそ東京・皇居東御苑であるが、基本的に登極令に基づいて行われようとしている。登極令は、すでにふれた点に加えて、斎田は京都以東以南から悠紀田が、以西以北より主基田が選ばれること、稲が成熟したときは斎田で抜穂の式が行われること、大嘗祭の前日に鎮魂の式が行われること、大嘗祭の後に大饗が行われることなどを定めていたが、今回もこれらは踏襲されている。

即位の礼と共通の儀式（賢所に期日奉告の儀など）を除くと、大嘗祭独自の最初の儀式は「斎《さい》田点定《でんてんてい》の儀」で、これは九〇年二月八日に、皇居・神殿で皇室儀式として行われた。これは大嘗祭で用いる新穀を作る斎田の地方を決める儀式で、神殿前庭に斎舎が設けられ、掌典長らによって降神の儀などが行われた後、亀卜《きぼく》によって斎田地方が、悠紀田は秋田県、主基田は大分県と決定された。結果は天皇の決裁ののち、宮内庁を通して両県に通知された。各地方の具体的斎田は、各県が宮内庁や県内の農業団体と相談して決めることになっているが、宗教儀式である大嘗祭と関連するこのような決定に宮内庁や県が関係するのは、政教分離原則からすれば疑問があるが、後に紹介するように、政府が大嘗祭に「公的性格」を認めたことを根拠としているのであろう。

なお、大正・昭和のときには、斎田地方決定後ただちに大田《おおた》(斎田)が決定され、そこで斎田決定奉告祈願祭とか祓式・播種式・御田植式などが行われ、祝賀気分を煽るとともに、民衆を大嘗祭に動員したが、今回は、警備上の問題から、決定しても公表しないとか、抜穂の儀の直前に決定するなどと言われているが、先にふれたように、伝統的には抜穂の儀の直前に決定されていたようである。しかしその場合には、当然、盛り上がりに欠けることになろう。早くに決定・公表された場合には、大田は竹矢来《たけやらい》で囲まれたり、注連縄《しめなわ》が張られたりし、消防団員などによる警戒が行われたり、害虫が大田に寄らないようにそれを集める犠牲田が設置されたり、奉耕者に対する神主のお祓いなどが行われるに違いない。

秋に、新穀収穫の儀式である「斎田抜穂の儀」が行われることはすでに決定している。これも神道儀式であるから、私的な皇室儀式であり、国の儀式とすることは許されない。儀式の前日、皇室から派遣された抜穂使である掌典職は、斎田付近の清流で厳粛に大祓の行事を行う(斎田抜穂前一日大祓)。儀式当日は、斎場は注連縄などで装飾され、神饌《しんせん》を供し、祝詞を奏したのち、抜穂が大田主《おおたぬし》によって行われ、点検ののち稲実殿《いねみどの》に奉安される。この儀式には、従来は知事が出席してある役割を果たしているが、ここでも「公的性格」が理由とされるであろう。前回の例によれば、この儀式後、刈り取りが行われ、脱穀された米は、木綿、次いで麻布で磨かれ、ヘラ先で一粒ずつ優良米が選別され、絹布で磨かれて、唐櫃《からびつ》に納められて宮中に送られ、新穀供納行事が行われる(悠紀主基両地方新穀供納)。

この間の夏、大嘗宮の地鎮祭が行われ、悠紀殿・主基殿のほか、皇后宮帳殿《こうごうぐうちょうでん》・庭積帳殿・小忌幄舎《おみのあくしゃ》・殿外小忌幄舎が垣内に、廻立殿《かいりゅうでん》・膳屋《かしわや》と参列者の席となる幄舎が垣外に設置される。

即位の礼が終わると、大嘗祭儀式・行事が本格化するが、まず、伊勢神宮に大嘗祭を行うことを奉告し幣物を供えるための「神宮に勅使発遣の儀」が行われる。そして「大嘗宮の儀」当日に、「大嘗祭当日神宮に奉幣の儀」が神宮で行われる。

「大嘗宮の儀」の二日前になると、天皇・皇后・皇太后のお祓いをする「大嘗祭前二日御禊」と、皇族および関係職員のお祓いをする「大嘗祭前二日大祓」の両行事が行われる。前日には、今回は、「すべての行事が滞りなく無事に行われるよう天皇始め関係職員の安泰を祈念する儀式」として性格づけられている「大嘗祭前一日鎮魂の儀」が行われるが、ここでは降神の式・神楽歌・祝詞とともに御衣振動式《ぎょいしんどうしき》・絲結《いとむすび》の式も行われ、この儀式は太古より伝わるもっとも神秘的な儀式と言われている。

また、「大嘗宮の儀」の前日には、大嘗宮の安寧を祈る「大嘗祭前一日大嘗宮鎮祭」という行事も行われることになっている。

さて、一一月二二日の「大嘗宮の儀」当日は、「大嘗祭当日賢所大御饌供進の儀」と「大嘗祭当日皇霊殿神殿に奉告の儀」から始まる。そして、大嘗宮は早朝より装飾される。その後、一定時刻に、悠紀・主基両殿の内陣に神座《しんざ》が掌典職によって奉安されるが、八重畳《やえたたみ》の上に御衾《おんふすま》と御単《おんひとえ》を置き、その南側に御坂枕《おんさかまくら》を、北側に御沓《おんくつ》一足を置いたものが神座である。神座の北東に東南方向に向けて御座《ぎょざ》を敷き、その東南方向に神食薦《かみのけこも》を設ける。

「大嘗宮の儀」では、まず夕刻からの「悠紀殿供饌の儀」が行われる。膳屋で和琴に合わせて稲舂歌《いねつきうた》が歌われ女官が稲舂を行い、掌典職は神饌を調理する。帳殿には、各地から献納された机代物が置かれ、掌典長が本殿で祝詞を奏する。それが終わると、廻立殿で身体を清め、生《き》絹《ぎぬ》の祭服を着し、笏を持った天皇が、廻立殿から悠紀殿に布単《ふたん》を敷いた廊下を徒歩で進む。その際、宮内庁長官と剣璽を持った侍従が天皇の先を進み、御菅蓋《おかんがい》を持ち御綱を張った侍従が後を進み、侍従長・男子皇族・国務大臣が後に続くが、天皇が歩く前には膝行する侍従が左右から葉薦《はごも》を拡げ、天皇が通過すると別の侍従がこれを巻く（退場のときも同じ）。剣璽は外陣《げじん》の案上に置かれる。天皇が外陣の御座に着き、皇族男子等が小忌幄舎の席に着くと、皇后が女子皇族とともに入場し、皇后は帳殿に他は殿外小忌幄舎の席に着く。ここで国栖《くず》の古風《こふう》、次いで悠紀地方の風俗歌が奏される。まず皇后が拝礼し、皇族が拝礼し、全員が拝礼するが、これが終わると皇后・女子皇族は退場する。次いで、飯・粥・鮮物《なまもの》・干物《からもの》・汁物《しるもの》・白酒・黒酒・菓物《くだもの》などからなる神饌が運ばれ（神饌行立《ぎょうりゅう》）、神楽歌が奏されるなか掌典職が警蹕を称え、一同は敬礼し、天皇は内陣の御座に着く。ここで天皇は女官のすすめる神饌を親供《しんく》し、拝礼し、御告文《おつげぶみ》を奏し、直会を行う。この直会で、天皇は神に相伴して、新穀で炊いた米と粟の飯を食し、新穀で醸造した黒酒・白酒を飲む。この間、神座でなにかを天皇が行う可能性があるが、それは秘事とされ明らかにされていない。その後、神饌が撤下され、手水《ちょうず》の上で天皇も退場し、儀式は終わる。この後、若干の間をおいて、午前零時頃より、まったく同様の手順で「主基殿供饌の儀」が行われる。

「大嘗宮の儀」の後（二四・二五日）、宮殿で「大饗の儀」が行われる。この饗宴は、単なる宴会と考えられる「饗宴の儀」とは異なり、大嘗祭で神に供えられた酒などが参列者に振る舞われる意味があり、大嘗祭の重要な一環として直会の性格を持つものであり、宗教的意義を持っていると言わなければならない。

この他、大嘗宮の安寧を感謝する「大嘗祭後一日大嘗宮鎮祭」の行事が、「大嘗宮の儀」の翌日に行われる。そして、大嘗宮が撤去された後に、その跡地で、「大嘗祭後大嘗宮地鎮祭」の行事が行われることになっている。なお、即位の礼と共通する儀式である「賢所に親謁の儀」などがあることは、先にふれた。

このように長期にわたり、多額の費用を使って行われる大嘗祭の意義はなんであろうか。それは、天皇にとってどのような意味を持っているのだろうか。

ところが、そもそも、大嘗祭の祭神についても、学説は一致していない。天照大神とするもの、悠紀殿は天神で主基殿は地祇とするもの、御膳《みけ》八神とするものなど、さまざまな見解が提出されているが、一般的には、両殿ともに天照大神と天神地祇とするものが有力である。しかし、いずれにしても、祭神が神道における神々であることは間違いない。したがって、大嘗祭は、神道の神に対する祭祀であり、世俗的儀式ではない。

また、中央に置かれた神座の意義についても諸論があり、これは天孫降臨のときの「真床《まと》襲衾《おふすま》」で、これに新天皇がくるまれることで天皇霊が継承されるとするもの(折口信夫)もあるが、これには異論も強い。また、他者と共寝する場所とする論もあるが、これには誰と寝るかについて異説があり、一方、文化人類学的見地から王の死と再生を象徴するものだとする説などもある。いずれにせよ、神座をめぐる儀式は口伝による秘儀とされていて不明のことが多いが、大嘗祭の中断の時期におそらくは曖昧となったと思われる。ただ、曖昧であるからといって、これをあまり神秘化する必要はなかろう。

これらを前提として、これまでしばしば大嘗祭は、「伝統主義者」や神道関係者などによって、天皇が神の資格を獲得する儀式として説かれてきた。実際、一九四三年の国民学校『初等科修身 四』は、はっきりと、「大神と天皇とが御一體におなりあそばす御神事」として記述している。もっとも、この神格性を儀式のどの部分で獲得するかについては異論があるが(神座の儀式か、共食行為かなど)、天皇が神格化する儀式として見た場合(その場合、同じく神格性を獲得する儀式とされている、神器継承儀式や即位の礼との関係が問題になる)、それは新嘗祭とは決定的に異なる性格を持つことになる上に、高度の宗教性を持つ神秘的儀式ということにもなる。

しかし、この天皇神格化儀式説に対しては有力な反論が出されており、その説では、新穀の献上や庭積机代物の献上に示されているように、天皇に対する国民の服属儀式がこの儀式の本質だとされている(岡田精司)。一方、これとは別に、大嘗祭を新嘗祭と同じ豊年祈念儀式とする説もあり、今回の大嘗祭にあたっては、政府は、「天皇が皇祖及び天神地祇に対し、安寧と五穀豊穣などを感謝されるとともに、国家・国民のために安寧と五穀豊穣などを祈念される儀式」として位置づける立場をとっている（八九年一二月二一日政府見解）。そして、同日、石原官房副長官は、大嘗祭は天皇が神格性を獲得する儀式ではないと記者会見で明言している。もっとも、皇室祭祀について、その性格を政府がこのように断言し、性格決定することは、「国がその内容に立ち入ることにはなじまない性格の儀式」とした政府見解の態度と矛盾している上に、宗教儀式の内容に政府が口を入れたものとして、政教分離原則に違反するとともに、皇室の宗教的自由を制限するものである。政府は、大嘗祭は公的儀式としては行えないとするだけで十分だったのである。

けれども、大嘗祭にどのような意義を認めるにせよ、それが高度に宗教的な儀式であることを否定することはできないだろう。毎年行われている新嘗祭が、宗教的儀式であることから、皇室の私事として、内廷費の支出によって行われていることと比べても、それは明らかである。仮にそれが豊年祈念儀式だとしても、天照大神や天神地祇に祈ることをとおして豊穣を祈っているのであるからその目的は宗教的であり、最終目的が世俗的であるからといってこのような行為が宗教的目的を持つものでないとしたら、ご利益を願う世の中のほとんどの宗教活動は宗教的目的がないことになってしまうだろう。一方、この大嘗祭を、宗教的目的を持たない世俗的儀式として把握し、その高度の宗教性を否定する論者が、皇室の伝統を重んじると自称する者のなかにも見られるが、了解に苦しむところである。神道の立場から、「天照大神と御一体になられる神秘的且つ神道教義上の根本義が含まれてゐる最高の儀である」と説く論者の言が、大嘗祭の正統的・伝統的把握であろう。

したがって、政教分離原則によって、このような高度の宗教儀式を国家の儀式として公的に行うことは、憲法上許されない。大嘗祭は「宗教上の儀式としての性格を有する」として、国事行為として行うことは困難だとした政府見解は、その意味で妥当である。国事行為として行えない性格のものは、「公的な」皇室儀式としても行うことはできない。それゆえ、政府も、公的皇室儀式とは認めていない。皇室にとって(現憲法からすれば国民や国家にとってではない!)、「皇位の継承があったときは、必ず挙行すべきものとされ、皇室の長い伝統を受け継いだ、皇位継承に伴う一世に一度の重要な儀式」(政府見解。なお、この歴史認識に問題があることは先に指摘した)であるとしたら、皇室が皇室儀式として伝統にそって厳かに行えばよいのであって(これを違憲とすることはできない)、国はその内容・実施に一切関わるべきではないし、内閣総理大臣等の公務員は、少なくとも公人の資格ではこれに参列すべきではないし、宮廷費その他の公費はこれに支出されるべきではない。

ところが、政府見解は、大嘗祭を「極めて重要な伝統的皇位継承儀式」とした上で、皇位の世襲制を理由に、それに「国としても深い関心を持ち、その挙行を可能にする手だてを講ずることは当然」として、「公的性格」を認め、公費たる宮廷費の支出を決定した。しかし、憲法上で「世襲」というのは、皇位継承の方法を定めたものに過ぎず、「世襲」であることを理由に、伝統的・歴史的天皇に認められていたことがすべて容認されることには毛頭ならない。したがって、世襲制は、憲法上認められない行為に「公的性格」を付与する根拠とはなりえない。同様に、それは内閣総理大臣等が公人として参加することを根拠づけることもできないのである。

けれども、実際には、すでに行われた「賢所に期日奉告の儀」（そこでは、神楽歌・祝詞が奏されたのち、天皇が天照大神に期日を奉告し、神は鈴の音でそれに応えた。まさに神道祭祀）には、宮内庁長官名の招待状によって（新嘗祭は掌典長名）、海部首相・田村衆院議長・土屋参院議長・矢口最高裁長官らが「公人としての立場」で出席している。

また、九〇年三月八日付で、宮内庁は、都道府県知事宛てに、大嘗祭に献納する特産品の推薦を依頼しているが、これも大嘗祭に対する、国および地方自治体の過度のかかわりと言わねばならない。

こうして、違憲の疑いの濃い行為が、大嘗祭についてはつみ重ねられている。

なお、大嘗祭が国民の服属儀式としての意味を持っていたり、天皇を神格化する儀式であるとするなら、それは国民主権原則にも違反することになるから、そうした儀式に公金を支出することは、その見地からも許されない。

# 五　象徴天皇制と人権

象徴天皇制の存在とその展開は、日本国憲法の保障する人権や平等を侵害する結果を生んでいる。その状況のいくつかを見てみよう。

## 1　自由権の侵害

### 表現の自由

すでにふれたように、「右翼」の活動は、人びとの表現活動を著しく困難にしている。また、宮内庁の表現活動への干渉行為が、マスメディアの「知る権利」や表現の自由を侵す傾向のあることも指摘した。とりわけ、宮内庁の秘密主義は、国民が判断に十分な知識を獲得することを妨げており、国民の「知る権利」は大きな制約を受けている。しかし、宮内庁以外の公的機関も、しばしば天皇に関する表現の自由を制約している。二、三の例をあげてみよう。

（一）富山県立近代美術館は、昭和天皇の肖像写真と女性のヌード・人間の内臓などを組み合わせて描いた連作リトグラフ『遠近を抱えて』を購入し、一九八六年三—四月の特別展で展示した。これに対し、展示期間中はなんの問題もなかったにも拘わらず、その後の県議会教育警務委員会などで自民党議員や社会党議員から、「天皇陛下の写真を使ったのは、素朴な県民感情として不快だ」とか、「常識を考えないような展示は好ましくない」とかの質問が出されたため、中沖知事は「作品が不快だとの指摘は理解しており、もっと慎重に対応すべきだった」と陳謝する一方、美術館側もこの作品は美術資料として保管するにとどめ、公開しないことに決めた。この間、「右翼」も全国動員で押しかけ、県教育委員会に対し作品の焼却と美術館長の解任を要求している(以上の事実経過は、朝日ジャーナル八六年九月一二日号掲載の小倉利丸執筆の記事などによる)。また、美術館は、この作品を掲載した『図録86富山の美術』を販売禁止にするとともに、保管用の図録からもこの作品を切り取ってしまった。一方、この図録は県立図書館にも収納されていたが、図書館は、「議会での経緯をふまえて当分の間非公開とする」と決定した。こうして、県によって、美術作品が日の目を見ることができなくなるとともに、他の作品も掲載されている出版物『図録』も、見られなくなったのである。しかし、抗議と公開要求が繰り返されたため、図書館の『図録』は、九〇年三月二二日に館内閲覧のみ、コピー不可の条件で公開されたものの、同日最初に借り出した「右翼」によって破られてしまい、美術館も再寄贈に消極的であるため、図書館で閲覧することは物理的に不可能になってしまった。ともあれ、この事件は、天皇を美術作品の対象として扱うことにはそれを不敬とする意識からの強い抵抗があることを示すものであるとともに、美術館に収蔵された作品は公開の機会を半永久的に失う結果になったので、県(議会・知事・美術館・図書館)による、美術作品という表現物の抹殺をもたらしたのである。

(二) 天皇が重体に陥った時期の一九八八年一〇月、静岡県の市民グループが、天皇の戦争責任・戦後天皇制などを議論するために、「天皇制を考える集会」を開催しようとしたところ、県が県婦人協会に管理を委託している県婦人会館では、いったん会場使用申込を受け付けながら、後日、「反対派が押し掛けたりして混乱が予想される」として使用を断り、最終的には知事名で、「管理、運営に支障がある場合は会議室などの使用を拒否できる」との条例規定を根拠として使用拒否を通知した。なお、この問題につき斎藤知事は、「県民の建物を貸してくれなんて言わないで、自分たちが集まる場所をこしらえればいい。……少数の方々のために県民の財産をなんでもかんでも自由に使っていいというわけにはいかない」と記者会見で述べている。また、公立学校共済組合「たちばな会館」や県が県労働福祉事業協会に管理委託している静岡労政会館なども会場提供を拒否、また静岡市民文化会館も「管理上支障があると認めるとき」にあたるとしていったんは断ったものの、結局、天野市長は「同会館は公共の施設であり、特に問題がない限り市民の要望にこたえなければいけない」として会場提供を行った(事実経過は、朝日新聞社編『昭和天皇報道』による)。

静岡県側の言い分は、少数者の集会の自由こそが公的に保障されるべきものであること、公共施設の存在意義を理解していないこと、静穏な集会に対する妨害は妨害者の方が規制されるべきであって、妨害を理由として集会場所を提供しないのは違法な妨害者に一方的に利する行為であることなど、表現の自由の原理の点からしても問題は多く、市側の判断が妥当と考えられるが、使用拒否の実際の理由は、「病気のときに人のことを悪く言うものではない」などと述べた副知事の発言に示されているように、天皇を批判する集会の内容にあったと言える。天皇問題はこのように、表現場所の提供拒否による表現活動の規制をもたらしがちである。

(三)　同様の事情は、天皇が訪問する地方での集会・集団行動の規制においても現れる。たとえば、一九七一年に昭和天皇が広島市を訪問したときには、「天皇来広糾弾広島県民集会」の会場である広島平和記念館の使用が、いったんは市によって許可されながら後に取消処分を受けているし(広島地裁は、本件取消処分は集会開催を不可能ないし著しく困難にするとして取消処分の効力停止決定をしたが、広島高裁は、この判断を否定し原決定を取消し、申立てを却下した)、八九年九月に現天皇が広島市を訪問したときには、「天皇来広を許さない九・九広島行動実行委員会」などのデモが、当初予定した時間には県公安委員会によって許されず、天皇が近辺を訪問する以前および以後に変更して許可されている（広島地裁・高裁は、執行停止申立てを却下・棄却し、規制を容認した）。このような規制や裁判所の判断の背後には、平和記念館の使用を不許可にした市当局が、「憲法で『象徴』とうたわれている天皇を公共施設で、糾弾する会を開くことは、不適当だ」と説明したように、天皇を特別視したり、天皇に批判を加える者を異端視する立場があると言えるだろう。

こうした例は、決して天皇をめぐる特殊な事例ではない。天皇を批判するビラ配りで掲げられた「天皇なしでくらしたい」との横断幕が屋外広告物条例違反の疑いで規制されたり（八九年一月北九州市）、歩道橋に掲げようとした「天皇制反対」の横断幕が軽犯罪法違反容疑で規制されたり（同月東京代々木公園）といったように、後に人身の自由との関係で例にあげるものを含めて、こと天皇批判の表現活動については、厳しい規制が行われるのが近年の傾向となっている。

こうしてみると、天皇をめぐる現実の状況は、表現の自由のあり方をきわめて風通しの悪いものにしていると言わなければならない。

天皇や天皇制度に対する思いは人さまざまである。ある人にとっては天皇は崇拝・尊敬の対象であり、ある人にとっては天皇は特別の感情の対象とならない一人の人間であり、また、ある人にとっては天皇は恨みや怒りの対象であるかもしれない。しかし、天皇についてどのような感情を持とうと、思想を抱こうと、特定の立場からはそれが望ましくないものではあっても、それは個人の自由に属する問題であって、その内容に国家が干渉したり、ましてや特別の感情・思想を押しつけたり、それを表す行為を強制したりすることは、憲法一九条が保障する思想・良心の自由を侵害するものである。ところが、天皇問題に関しては、しばしばこうした自由も侵される傾向にある。

たとえば、先に指摘したように、学校教育において、学習指導要領をとおして、天皇に「敬愛の念を深める」ような教育が行われることになっているが、そのやり方次第では児童・生徒の持つこの自由に抵触する可能性がある。かつて敗戦前の日本においては、授業開始前の朝礼において宮城遥拝が行われ、教育勅語・御真影を収納した奉安殿に対する敬礼などが強制されていたが、このようなことは現在の憲法では許されない。同様に、教育上の絶対的必要性が証明されない限り(その必要性の存在は疑わしいが)、「日の丸」に敬礼したり、「君が代」を斉唱することを強制することは、仮にそれらを国旗・国歌と認めた場合でも、思想・良心の自由と矛盾すると言わねばならない。しかし、実際の教育現場では、「日の丸」掲揚・「君が代」斉唱が学校に義務づけられているのみならず、これらが児童・生徒・教師・父母に実質的に強制されている(ある県の一部の小・中学校では、毎朝夕、「日の丸」の揚げ降ろしが「君が代」の流れるなかで行われており、そのとき教師・児童・生徒は「日の丸」掲揚台の方向を向いて直立不動の姿勢をとらねばならない)。

また、特定の天皇に対して敬意を表すことを強制されたり、特定の天皇の病気や死亡を心配したり悼むことも強制されてはならないはずである。しかし、天皇が地方を訪問する場合には、しばしば小学校の児童などが歓迎の列に半強制的に動員されているし(たとえば、一九八七年に植樹祭で天皇が佐賀県を旅行したときには、雨の中、小・中学生は「日の丸」を振っての歓迎行事に動員された)、昭和天皇が死亡したときには、いくつかの小・中学校で、喪章を付けることが教職員に強制されるとともに、児童・生徒による皇居に向かっての黙禱が行われている(こうした場合に、これを嫌がる児童・生徒の拒否する自由は現実的には存在しない)。もとより、こうした行為が一般社会の市民に強制されてよい道理はないが、学校においては特に強制が許されるという理由はないであろう。

ところが、一般社会に対しても、こうした侵害行為がみられる。いくつかの市町村議会では一九八四年頃から、「国旗掲揚、国歌斉唱を励行する決議」を行って関係機関における励行を求めているが、これに加えて群馬県や千葉県のある市などは、すべての所帯に「日の丸」を公費で配り、それによって各所帯が実際上「日の丸」を掲げざるをえない雰囲気を作っている。もとより、「日の丸」を肯定する者にとってはその掲揚は望ましいことであるが、「日の丸」を嫌う者や、その旗の下で痛めつけられた者にとっては、掲揚の強制は人格の中枢に関わる問題であることを認識しておきたい。

また、昭和天皇が重体に陥ったとき、大蔵省はじめ多くの官庁の行政指導で、営業活動や行事等に関して、自粛が求められた。個人がみずからの意思で自粛を行うことについては憲法上の問題はないが、自粛を行わざるをえない状態に公的機関が追い込むとしたら、これは思想・良心の自由の侵害となろう。

ところで、右のような状況を多くの人は当然ないしどうでもいいことと考え、みずからの思想・良心の自由に対する侵害と感じる者は、あるいは少数であるかもしれない。しかし、そもそも基本的人権は、どの社会においても圧迫されることの多い被差別者や少数者・異端者においてこそ重要な意義を持つものである。多数者や正統派の側にたつ者は、歴史的に、例外的にしか圧迫されることは（少なくとも圧迫されていると感じることは）なかったと言えるからである。その点を踏まえれば、被差別者・少数者・異端者の自由が尊重される社会こそ、本当に自由な社会と言わねばならない。それゆえ、天皇存在を当然としてきた社会では、天皇問題については特に少数者に留意すべきであろう。

### 信教の自由

右にあげた、天皇や「日の丸」に対する敬礼の強制は、あらゆる偶像崇拝を禁じている宗教（キリスト教の一派たる「エホバの証人」やイスラム教など）の信者の信教の自由（憲法二〇条）を侵害している。一人の人間が多くの宗教を矛盾なく自分の中に取込んでいる社会である日本社会においては、多くの日本人と異質な宗教を信じている少数者が存在していることに、特に目を向ける必要がある。複合的・多重的信仰を持つ多くの日本人にとって当然であり、抵抗感もないようなことが、これらの人びとにあっては苦痛であり、神に対する裏切りであることを知らねばならない。

同様に、修学旅行などで伊勢神宮や靖国神社などの神社に参拝することが強制されるならば、それも信教の自由の侵害となる。もとより、それは天皇に直接関係しない神社や寺についても言えることであるが、天皇と関係の深いこれら神宮や神社には、敗戦前には国民であるなら当然のように参拝していたことから、ともすれば緊張感がないまま従来の慣行を踏襲したり、参拝に類したことをあまり意識せずに行いがちであり、実際に現在も修学旅行のコースに含まれ、そこで先生の合図や指導で頭を下げたりしている。

信教の自由の保障をより一層確実にするためにとられた原理が政教分離原則であるが、この原則が破られ国家が特定の宗教と結合すると、直接的に特定の個人に対する宗教強制がなくても、国家が特定の宗教の後楯になりそれを優遇しているという事実によって、その宗教を信じない個人にその宗教を信じるべきだという間接的強制が働くので、政教分離原則違反は人権侵害の一種として考えることができる。ところが、先にもふれたように、歴史的な天皇存在と神道との結合はこれまで当然のように行われてきたが、それが敗戦前には公的なこととされたため悪い結果を生んだとの認識で、日本国憲法は厳格な政教分離原則を採用し、天皇と神道との公的結合を排除した(二〇条・八九条)。しかし、これも先に指摘したように、現在の皇室祭祀の挙行実態、三種の神器の取扱い、皇室儀式における神道儀式の公式化など、政教分離原則に違反する疑いが濃厚なものが多い。これらは原則を徹底して、公的部分からは神道色を払拭すべきであるが、しかし、天皇代替わり儀式にみられるように、歴史的天皇存在が現在の象徴天皇制との関わりでも常に強調され、その伝統がともすれば公的にも容認される傾向のあるところでは、天皇に関して厳格な政教分離原則が実現するとはただちに期待できない。その意味では、象徴天皇制の存在実態は、政教分離原則をしばしば破ったり緩和したりしつづけるであろう。また、仮に神道儀式が天皇家の私的儀式として行われたとしても、それが国民の関心事である限り、事実上、天皇と神道とは一体として国民の目に映ることになろう。そうであるなら、象徴天皇制の存在は、神道を特別視する感情を再生産しつづけることが予想され、それは神道を信じない者に圧力となって働くことになろう。

**教育・学問の自由**

法的拘束力を持つとされる学習指導要領で、天皇に「敬愛の念を深める」ことが目的とされたり、「日の丸」掲揚・「君が代」斉唱が義務づけられているが、それは本来自由であるべき教育の場を大きく制約するものとなっている。また、教科書使用義務が説かれるなかで、学習指導要領に基づいて作成されたその教科書では、天皇の肯定的役割が強調される一方でその否定的側面は軽視されるなど、特定の歴史観にたった記述が教科書検定で求められるようになっている。そうした文部省の教育内容への介入は、教育の自由（憲法二六条の前提にある）の侵害であるとともに、学問の自由（二三条）をも制限するものである。このように天皇の存在は、教育・学問への制約をもたらしている。

かつて天皇元首化のための憲法改正の動きも活発であった「逆コース」の頃(一九五四年)、京都・旭丘中学校や大将軍小学校の教師たちは、「皇太子は我等の税金で外遊した」とか、「天皇も橋の下の乞食も同じ人間だ」と子どもたちに述べたため、偏向教育だとのレッテルを貼られて総攻撃を受けたが、現在の学校でも教師たちはそうした本音を語ることができるのだろうか。

ところで、歴史的な天皇の墓である天皇陵を含む千以上の陵墓は宮内庁の管理の下にあり、その陵墓の整備や修補のための費用は宮廷費から支出されている。これら陵墓については、かねてより考古学者や歴史学者などから立入り学術調査の希望が出されているが、宮内庁は、皇室の先祖の陵であり祭祀も行っていることや、天皇の意思を理由として、これまで本格的な立入り調査を認めていない。これら陵墓が完全に天皇家の私的所有物であるならともかく(そうであるなら、宮廷費の支出は問題となる)、国民共通の文化財としてみるならば、ある程度の限界はあるにせよ学術調査を認めるべきである。現在の宮内庁の対応は、天皇家を特別の存在として、学問の自由を制限するものであると言わなければならないだろう。

憲法は、みだりに警察等によって身柄を拘束されたり逮捕されない権利や、自宅などがみだりに捜索されない権利、裁判を受ける権利などの人身の自由を保障している（三一条―四〇条、一八条）。しかし、実際には、「天皇制度反対者には人権なし」といった具合に捜索・逮捕等が行われており、天皇のためなら何をしてもいいといった状態が生まれている。

（一）厳戒体制――天皇や皇族が地方旅行する場合、その周辺では厳戒体制が敷かれることについては先にふれた。厳重な検問、不審者をあぶり出すためのアパート・ローラー作戦、要注意者の尾行などはこのところ常識となっている。特に、一九八九年二月二四日の昭和天皇・大喪の礼の前および当日の東京都心部および埋葬予定地の八王子では、三万二〇〇〇人の警官を動員した警戒体制が敷かれ、まさに戒厳令を思わせる状態が現出した。数百メートルごとに検問が行われ、区域内に入る車には前もって警察が発行した通行許可標章が必要とされ、犬の散歩をする人には尾行がつき、住民の身元調査が行われ、新規開設の会社には令状を持たずに警官が入り込み中を調べるとともに従業員の家族構成・自宅電話番号を聞き出し、マンション住民には当日窓を開けるなと警察は通知し、天皇関係の本を持参していた学生は連行されるとともにアパートが調べられ、道路からはゴミ箱が消えるなど、信じられないような状況がそこにはあった。

(二)　微罪での逮捕――天皇問題が関係すると、微罪でも逮捕され、長期勾留されることが多い。たとえば、福岡・スプレー事件である。一九八六年二月、福岡市内のデパートで開かれていた入場無料の「ご在位六十年慶祝　天皇の八十五年特別展」会場で、スプレーを持参していたとして、一人の男性が建造物侵入の現行犯で逮捕された。建造物侵入罪の適用もさることながら、この男性の所持していたスプレーは、ゴム状の練り粉が出るおもちゃのスプレーであり実害のないものであったが、この男性は一〇日間勾留された後釈放された(起訴猶予)。しかも、本人の自宅のみならず、この男性も関わっていた反天皇制集会の連絡先であるキリスト教会まで家宅捜索が行われている。このような勾留や捜索は、天皇問題が絡んでいるためとしか考えられない。

また、八七年、海邦国体への皇太子訪沖阻止を呼びかけていた女性が、ホテルに宿泊する際に別人の名で宿泊名簿に署名したとして、私印偽造・同不正使用・旅館業法違反で皇太子訪沖の四日前に逮捕された上、この女性の属する団体の出版社・支社なども家宅捜索され、一〇日間勾留され処分保留のまま、皇太子が沖縄を去った五日後に釈放された事例も、天皇問題に絡む一種の予防拘禁と言えるだろう。いずれの場合でも、こと天皇が関係する事件では、通常は許されないような取扱いがなされているのである。

(三) 不敬視による捜索・逮捕――捜査当局に、天皇を批判する者はけしからんとしてそれを不敬視する意識があるため、違法な捜索や不当な逮捕が起こることも知られている。

前者の例として、「天皇風刺ビラ差押え事件」がある。一九八四年末のこの事件は、散布を予定した昭和天皇の黒枠写真入りの天皇制風刺の葉書大のビラ(「これはゴミです 拾ってはいけません」などの文句がある)に、「裕仁」の署名及び御璽を記した文書を転写登載したところ、大阪府警は御名御璽偽造被疑事件として大阪簡裁裁判官から捜索差押許可状の発布を得て、作成者の自宅などを捜索してビラ三六六〇枚を差押えたというものである。しかし、後にこの許可状の請求・発布・執行を違法とし、警察官・裁判官に過失があったとして、国および大阪府に損害賠償を命じた大阪地裁判決(一九八六年五月二六日判例時報一二二四号六〇頁。控訴)が認めているように、このビラの御名御璽類似部分は真正なそれと大きさも全く異なり、朱肉に対して黒一色であることから、真正なものでないことは誰にも一見明白であって、ビラの体裁・内容からしても真正なものとして行使する目的を持たないことも明白であった(なお、大阪地裁は八五年三月五日にも、本件許可状の発布は違法であるとして差押処分を取消している)。したがって、これも裁判所が認定しているように、捜査当局の目的はこのビラの散布を未然に防ぐことにあったことがうかがわれ、そうした行為は表現の自由・検閲の禁止規定（憲法二一条）の趣旨に違反するものであるが、捜査当局がこのような権限を逸脱する行為に出た背景には、明らかに、天皇を誹謗するこのようなビラが流通することは許されないとする意識があったと言える。そしてこのような意識の存在は、大阪府警に限られないだろう。

天皇制度を批判する者への、それを不敬視する意識に基づく警察官の違法・不当な対応は、次の事件にも現れている。一九八六年五月、堺市で開かれた全国植樹祭に反対する集会に際して、大阪府警機動隊は、参加者に異常な挙動がなかった段階から厳重な検問隊列を組み、会場への入り口をふさぎ、参加者の所持品検査を実施した。そしてこれに抵抗した場合には、公務執行妨害罪で逮捕・起訴される者まででた。この事件でも、参加者が犯罪を犯す危険性はほとんどなく、こうした所持品検査は必要性・緊急性を欠いている違法なものであったが（大阪地裁一九八八年四月一九日判決は、それを違法と断定し、公務執行妨害罪につき無罪とした）、天皇に関わる事柄に異を唱える者は潜在的な犯罪者であるといった警察当局の意識が、この事件からは読み取れるのではないだろうか。しかし、これに似たケースは、昭和天皇死亡前後のデモ・集会のたびに繰り返されている。

右にみてきたような、天皇・天皇制度反対者に対する対応とは対照的に、天皇護持論者に対する警察当局の対応は緩やかであるように見える。東京都の山谷・大阪市の釜ケ崎における警察の動静（労働者に反対する側を支援するかのごとき動きや活動家の殺人事件をめぐる対応）や奄美大島の旧・無我利道場の置かれている状況（「右翼」による追い出し行動やブルドーザーによる傷害事件での対応）などで、そうした問題が指摘されている。

## 2　平等原則に反する諸差別

### 外国人差別

天皇は、「日本国民統合の象徴」とされている。この規定につき、国民を統合する象徴が天皇であると解釈することは妥当でなく、国民が統合している姿を天皇が表すのだと理解すべきであるとしても、そのような存在としての天皇は、社会心理的には日本国民を統合する機能を果たすことになるだろうし、その点に着目して現在、天皇の存在が日本の支配層によって重視されているのである。したがって、そうした天皇を強調し、日本国民でまとまるという状況は、当然に、日本国民に属さない外国人を、仲良しクラブの異質物として日本国民の輪の外に排除し、余所者扱いする感情を日本国民に生み出す働きをすることになる。

従来、日本は、難民援助をはじめとして、外国人の受入れに熱心でないと世界的に非難されてきた。また、現在は外国人労働者問題について新たな難問に直面している。そこでは、日本の同質性のみが強調され、もともと外国人は日本には居るべきではないのだといった雰囲気すら存在している。そうでなくても、多くの人が指摘しているように、日本国民は、放っておいても、まとまり過ぎるほど一つにまとまる傾向があるといえる。こうした状況がいかに外国人にとって不気味であり、日本国民以外の居住者にとって住みにくいものであるかは、在日韓国・朝鮮人の人びとが折りにふれて語っている。

それゆえ、こうした日本社会で今あらためて天皇で日本国民が統合を強めることは、すでに存在する排外主義をますます強めことになるように思われる。そしてそれは、さらに多くの外国人差別を生み出すのではないかと危惧されるのである。

## 民族差別

かつての中曽根首相発言にみられるように、日本には「単一民族国家」幻想が根深く存在している。たしかに、日本国民の圧倒的大多数は同一民族（ヤマト民族）に属しているとは言えるが、それでもアイヌ民族などの先住民族も日本国民であるし、朝鮮民族・漢民族、あるいは少数ではあってもアングロ・サクソン民族も日本国民には存在している。ところが、憲法上、天皇は「国民統合」の象徴であると明記されているにも拘わらず、なぜか天皇崇拝論者や国体論者は、この天皇を「民族統合」の象徴として理解し、そうしたものとして強調する傾向がある。金髪の天皇は困るとか、黒人の天皇は困るとかといった発言は、そこから生まれることになる。

しかし、このように日本国民を単一民族として理解し、天皇をその統合の象徴として把握することは、必然的に、他の民族は日本国民としては存在しないという感覚を生み出し、現にそうであるように、少数民族に対する配慮を怠る結果をもたらす。逆に、少数民族の側からすれば、ヤマト民族が天皇を象徴として統合している共同体から自分たちが疎外されているということになり、被圧迫感・被排除感を持つとともに、自分たちの民族性を捨ててヤマト民族に同化しない限り日本社会では生きていきにくいということにもなるだろう。

したがって、単一民族国家観が支配的である現在の日本では、国民統合の象徴である天皇の存在は、少数民族に対する差別として機能することになっている。

### 少数者・異端者差別

先にもふれたように、ある社会において人権保障の状態がどうであるかを考えるにあたっては、もっとも圧迫を受けやすい少数者に留意することが必要である。ところが、象徴天皇制の存在は、少数者を排除するように働く傾向がある。

一つは、天皇が「国民統合」の象徴であるところから、日本国民であるなら一つに統合されているのが当然であるといった意識が生まれがちである。そこでは、人びとの多数に異を唱える者は、国民の統合を乱し、国民の和を乱すものとして、非難の対象となったり、排除されたりすることにもなる。すなわち、少数意見や行動は、それなりの尊重を受けることがなく、「言挙げする者」として嫌悪されるのみである。こうした社会には、異質なものを尊重し、それと共存するといった生活態度が生まれることは困難である。

いま一つは、天皇が日本国・国民統合の「象徴」であるところから、天皇を批判したり、蔑ろにする者は、単に天皇批判者にとどまらず、国民ひいては日本国の統合にヒビを入らせる敵対者として意識されがちである。『期待される人間像』が、「象徴に敬愛の念をもつこと」を強調して述べていた所をいま一度思い出してみよう。そこには、「天皇への敬愛の念をつきつめていけば、それは日本国への敬愛の念に通ずる。けだし日本国の象徴たる天皇を敬愛することは、その実体たる日本国を敬愛することに通ずるからである」と書かれていたはずである。これでは、天皇を敬愛しないことは、日本国を敬愛しないことにもなってしまうではないか。ここからは、天皇を批判する者に対する「非国民！」の罵声が聞こえてきそうである。実際、一九八六年三月八日の衆議院予算委員会において、中曽根首相は、昭和天皇は一貫して平和主義者であって、天皇の聖断によって国の滅亡が防がれたとの自らの認識を示した上で、天皇の戦争責任を追及する者につき、「そういう、国民の大多数の考えを無視して、あえて異を立つるという者は、国家を転覆するという気持ちを持っているという人でないと出てこないのではないかとすら、私は疑います」と答弁しているのである。ここには異論に対する日本の政治家の不寛容の態度が端的に示されているとともに、天皇問題につき異を唱える者を非国民として排除していく姿勢が現れており、天皇問題を冷静に話し合うことが困難な日本社会のありようが示されている。

このような社会では、少数者や異端者が、大変に住みにくいことは確かである。

### 障害者差別

皇位の継承を定めた皇室典範は、皇位を継ぐべき者に、「精神若しくは身体の不治の重患」があるときには、皇室会議の議により継承順序が変更されると定めている（三条。摂政については「精神若しくは身体の重患」）。たしかに、精神・身体に不治の重患があるときには、天皇の職務を果たすことが不可能な場合も予想されるので、このことがただちに障害者差別であると断じることはできないが、しかし、職務を果たすことは不可能ではないがやや困難であるということを理由に、不治の重患があるとして継承順序の変更が行われるような運用がなされるとしたら、それは障害者差別と言える。したがって、この規定は、運用次第では、障害者差別として機能する面を内在している。

また、天皇や皇族男子の結婚の場合には、皇室会議の議を経ることになっているが（典範一〇条）、結婚相手が障害者であることを理由に皇室会議が反対したり、あるいはその反対が予想されるためにむしろ選考段階で障害者が排除される可能性がある。その排除過程が公然化することはまず考えられないが、そうしたことは残念ながら十分に予想されるところであり、その場合は障害者差別が行われていると言わねばならない。

これら制度的な問題は別としても、天皇・皇族に関連して、障害者差別が現実には行われている。たとえば、天皇・皇族が地方旅行する場合である。そのときには、一九八一年の「びわこ国体」にともなう皇太子夫妻の滋賀県視察を前に、警察官が広範囲にわたって精神障害者名簿を集めようとした事例や、八三年の群馬国体を前に、群馬県警が皇族警備を理由に、特定の精神病院入院患者の外出制限を求めた事例のように（いずれも、警察は事実を否定）、精神障害者はその存在自体が危険視されている。これは、精神障害者はなにをするか分からない存在で、天皇・皇族に危害を加えかねないという、一般にも存在する差別意識に基づくものであろう。そして、実際に天皇・皇族に危害を加えようとした者や、天皇に関わるもの(御用邸など)に加害行為を行った者は、しばしば精神障害者として処理されている。たとえば、一九五九年に皇太子の結婚式の馬車行列に石を投げた青年や、七一年に葉山御用邸に放火した青年なども、精神障害者とされた。実際にこの中に精神障害のあった者も存在したかもしれないが、ソ連などで政治的反対者を精神障害者にしたてて精神病院に送っていたように、あえてこれを障害者の仕業とした例がないとは言えないように思う(右の投石青年は、「精神分裂症であることを認めたらすぐ出してやる」と言われてサインしたと述べている(沢木耕太郎『人の砂漠』一三九頁))。そのように処理した場合には、天皇の下で国民が統合されており、通常の国民は天皇に敬愛の念を抱いているという建前を害することがないし、天皇に害悪をなすなどということは、天皇の御稜威《みいづ》の下にある国民である以上、精神障害者でなければありえないという信念・意識を傷つけないからである。ともあれ、かなり多くの事例が、精神障害と関連づけられていることに注目しておきたい。

## 女性差別

象徴天皇制の現状は、いくつかの点で女性差別を生んでいる。

まず、現在の皇室典範では、女性は天皇になることができない(一条)が、これは女性差別である。しかも、天皇に女性がなれない理由としてあげられるものは、女性の天皇は例外であったという歴史的理由の他は、女性は政務にはむいていないとか、女性は夫の影響を強く受けるから困るとか、女性の天皇の夫の処遇に困るとかといった、それ自体女性差別にあたる理由があげられることが多い。

女性や女系の男子が天皇になれないこともあって、皇室典範では、皇族女子が天皇・皇族以外の男性と結婚した場合には、皇族身分を離脱すると定めている(一二条)。この規定は、必要以上の皇族は置かないという趣旨からすれば合理的であるが、やはり女性差別的側面があることも否定できないだろう。

また、こうした制度的問題とは別に、実際の行動や日常生活において、男女平等を否定するような事柄も目につく。たとえば、皇后が天皇よりも常に数歩遅れて歩くといった慣行は、平等原理には合致しないし、これを見る者の胸中の性差別意識を再生産することにもなるだろう。特に皇室祭祀・儀式のうち、宗教色の強いものについては、皇后や皇族女子が列席を遠慮することになっているのも、女性差別と見ることができよう。すなわち、天皇代替わり儀式に限っても、剣璽等承継の儀には皇族女子は出席しなかったし、大嘗祭においても皇族女子は早い段階で拝礼を終えて退席し、儀式の中核である天皇が直会を行う段階には列席しないこととされているのである。

### 身分差別

天皇や皇族男子は、皇室会議の議を経ることがなければ、結婚することができないが、この過程で先に述べた障害者差別とともに、家柄に基づく選別といった身分差別が生まれてくる。現在は、大日本帝国憲法時代のように、結婚相手が特定の家系の者に限定されるという制約は法的には存在しない。実際、現天皇や礼宮《あやのみや》(現秋篠宮)の結婚相手は、旧憲法時代には許されなかった一般国民の家庭の出身である。しかし、それは皇族男子の結婚において身分差別が存在しなくなったということを毛頭意味するものではない。すなわち、皇族男子の結婚相手を選考する場合、ある程度の候補者が決まると、その者につきより詳細な調査が行われるが、その際、少なくとも三代位前までさかのぼって、家族の調査が行われるようである。その過程で、いわゆる家柄が調査対象となるであろうことは、一般国民の結婚の場合にも残念ながら今なおそうした調査が行われているところから、当然に予想されるところである。そして、特定の「家柄」に属する者が、その過程で排除されるであろうと考えるのが自然である。この結果、天皇や皇族には、被差別の家系に属する者は居ないということになるだろう。

しかし、象徴天皇制にとって、これとは別の、避けることのできない身分差別が存在する。これまで指摘してきた自由侵害や平等原則違反の事例のほとんどは、皇室典範を改正したり、運用実態を改めることによって、ある程度は解消するようなものである。たとえば、女性の天皇が存在しないという女性差別は、皇室典範一条の改正によって簡単に解消するし、また実際に近い将来、その可能性がないわけではない。けれども、運用改善や法律改正ではどうにもならない、象徴天皇制の本質に関わる差別が存在しているのである。

それは憲法二条の規定する、「世襲」による皇位の継承である。ここで言う「世襲」とは、特定の血統に属する者が継ぐという意味に解するしかないが、そうであるなら、天皇に就任することのできる血統を特別の血統として、他のもろもろの血統から区別していることを意味している。これは、血による差別であり、生まれによる差別である。憲法自体がこの差別を容認しているのであるから、憲法解釈的には一四条の平等原則の例外と言うしかないが、ともあれ憲法はこの血統差別、すなわち一種の身分差別を認めているのである。したがって、憲法は、一切の差別を禁じているとは言えないことになる。

この血統差別を認めたこと自体が身分差別の観点からは問題になるが、しかし、この差別の存在は、現実にはより大きな意味を持っているように思われる。すなわち、人間はどのような血統に生まれようと、生まれながらにみな平等であるというのが、人間の平等を主張する者の原点であるのだが、世襲天皇制はここに例外を認め、この血統だけはちょっと別だと言っているのである。けれども、みな同じだと言いながら、しかしやっぱりこの人たちだけは別だという考え方をいったんとったなら、それはつぎつぎと、なんと言ってもやっぱりこの人たちだけは別だといったふうに、例外を生み出しつづけることになりはしないだろうか。少なくとも、そうした例外を認めてゆくことに抵抗感が薄れてくることだけは確かなように思われる。そして、その際、天皇の血統を「聖なる血」「貴い血」として意識する者は、別の例外たる血統として「卑しい血」「賤しい血」といったものを意識することになりはしないだろうか。被差別部落解放のために一生を捧げた松本治一郎は、かつて、「貴族あれば賤族あり」と喝破したが、この言葉のごとく、仮に象徴天皇制が憲法的に純化され、より憲法適合的になり、よりスマートになったとしても、それが世襲であるかぎり、その制度は社会的差別意識を再生産しつづける大きな源になるように思われてならない。

# 参考文献

横田喜三郎『天皇制』(一九四九、労働文化社)
尾高朝雄『国民主権と天皇制』(一九四七、国立書院)
佐々木惣一『憲法学論文選　二』(一九五七、甲文社)
佐藤功『憲法解釈の諸問題　第一巻』(一九五三、有斐閣)
〃　『君主制の研究』(一九五七、日本評論新社)
〃　『憲法解釈の諸問題　第二巻』(一九六二、有斐閣)
宮沢俊義『国民主権と天皇制』(一九五七、勁草書房)
〃　『憲法と天皇』(一九六九、東京大学出版会)
小林直樹『日本における憲法動態の分析』(一九六三、岩波書店)
高柳賢三『天皇・憲法第九条』(一九六三、有紀書房)
鵜飼信成『憲法における象徴と代表』(一九七七、岩波書店)
杉原泰雄編『文献選集日本国憲法2　国民主権と天皇制』(一九七七、三省堂)
針生誠吉・横田耕一『現代憲法大系1　国民主権と天皇制』(一九八三、法律文化社)

横田耕一・江橋崇編『象徴天皇制の構造』(一九九〇、日本評論社)
和辻哲郎『国民統合の象徴』(一九四八、勁草書房)
石井良助『天皇―天皇統治の史的解明』(一九五〇、弘文堂)
津田左右吉『日本の皇室』(一九五二、早稲田大学出版部)
井上清『天皇制』(一九五三、東京大学出版会)
葦津珍彦『天皇』(一九七三、神社新報社)
神島二郎編『天皇制の政治構造』(一九七八、三一書房)
チェンバレン、高梨健吉訳『日本事物誌 一』(一九六九、平凡社)
『入江相政日記 第一巻―第三巻』(一九九〇、朝日新聞社)
『芦田均日記 第一巻―第七巻』(一九八六、岩波書店)
『続 重光葵手記』(一九八八、中央公論社)
沢木耕太郎『人の砂漠』(一九七七、新潮社)
武田清子『天皇観の相剋』(一九七八、岩波書店)
南方紀洋『天皇に関する一二章』(一九八一、晩聲社)
高橋紘『象徴天皇』(一九八七、岩波書店)
坂本孝治郎『象徴天皇がやって来る』(一九八八、平凡社)
〃『象徴天皇制へのパフォーマンス』(一九八九、山川出版社)

## 参考文献

渡辺治『戦後政治史の中の天皇制』(一九九〇、青木書店)
松浦総三『天皇とマスコミ』(一九七五、青木書店)
朝日新聞社編『昭和天皇報道』(一九八九、朝日新聞社)
歴史教育者協議会編『日の丸・君が代・紀元節・教育勅語　三訂版』(一九八五、地歴社)
村松剛・葦津珍彦他『元号——いま問われているもの』(一九七七、日本教文社)
多木浩二『天皇の肖像』(一九八八、岩波書店)
岩井忠熊・岡田精司編『天皇代替り儀式の歴史的展開』(一九八九、柏書房)
別冊歴史読本『図説 天皇の即位礼と大嘗祭』(一九八八、新人物往来社)
『折口信夫全集　第三巻』(中公文庫版)(一九七五、中央公論社)
塙三郎『英霊の怒り』(一九七四、浪曼)
思想三三六号『特集　天皇制』(一九五二、岩波書店)
ジュリスト五四二号『特集　天皇制と憲法』(一九七三、有斐閣)
ジュリスト九三三号『特集　象徴天皇制』(一九八九、有斐閣)
ジュリスト九三八号『特集　象徴天皇制(二)』(一九八九、有斐閣)
法学セミナー増刊『総合特集シリーズ　現代天皇制』(一九七七、日本評論社)
法学セミナー増刊『総合特集シリーズ　これからの天皇制』(一九八五、日本評論社)
法学セミナー増刊『総合特集シリーズ　天皇制の現在』(一九八六、日本評論社)

# 関連条文

## 日本国憲法

### 第一章　天皇

第一条［天皇の地位・国民主権］天皇は、日本国の象徴であり日本国民統合の象徴であつて、この地位は、主権の存する日本国民の総意に基く。

第二条［皇位の世襲と継承］皇位は、世襲のものであつて、国会の議決した皇室典範の定めるところにより、これを継承する。

第三条［国事行為に対する内閣の助言・承認と責任］天皇の国事に関するすべての行為には、内閣の助言と承認を必要とし、内閣が、その責任を負ふ。

第四条［天皇の権能の限界、国事行為の委任］①天皇は、この憲法の定める国事に関する行為のみを行ひ、国政に関する権能を有しない。

②天皇は、法律の定めるところにより、その国事に関する行為を委任することができる。

第五条［摂政］皇室典範の定めるところにより摂政を置くときは、摂政は、天皇の名でその国事に関する行為を行ふ。この場合には、前条第一項の規定を準用する。

第六条［天皇の任命権］①天皇は、国会の指名に基いて、内閣総理大臣を任命する。

②天皇は、内閣の指名に基いて、最高裁判所の長たる裁判官を任命する。

第七条［国事行為］天皇は、内閣の助言と承認により、国民のために、左の国事に関する行為を行ふ。

一　憲法改正、法律、政令及び条約を公布すること。

二　国会を召集すること。

三　衆議院を解散すること。

四　国会議員の総選挙の施行を公示すること。

五　国務大臣及び法律の定めるその他の官吏の任免並びに全権委任状及び大使及び公使の信任状を認証すること。

六　大赦、特赦、減刑、刑の執行の免除及び復権を認証すること。

七　栄典を授与すること。

八　批准書及び法律の定めるその他の外交文書を認証すること。

九　外国の大使及び公使を接受すること。

十　儀式を行ふこと。

第八条［皇室の財産授受］皇室に財産を譲り渡し、又は皇室が、財産を譲り受け、若しくは賜与することは、国会の議決に基かなければならない。

## 第三章　国民の権利及び義務

第一四条［法の下の平等、貴族制度の禁止、栄典］①すべて国民は、法の下に平等であつて、人種、信条、性別、社会的身分又は門地により、政治的、経済的又は社会的関係において、差別されない。

②華族その他の貴族の制度は、これを認めない。

第一九条［思想・良心の自由］思想及び良心の自由は、これを侵してはならない。

第二〇条［信教の自由、政教分離］①信教の自由は、何人に対してもこれを保障する。いかなる宗教団体も、国から特権を受け、又は政治上の権力を行使してはならない。

②何人も、宗教上の行為、祝典、儀式又は行事に参加することを強制されない。

③国及びその機関は、宗教教育その他いかなる宗教的活動もしてはならない。

第二一条［集会・結社・表現の自由、検閲の禁止、通信の秘密］①集会、結社及び言論、出版その他一切の表現の自由は、これを保障する。

②検閲は、これをしてはならない。通信の秘密は、これを侵してはならない。

第四章　国会

第四一条［国会の地位・立法権］国会は、国権の最高機関であつて、国の唯一の立法機関である。

第五章　内閣

第七三条［内閣の職権］内閣は、他の一般行政事務の外、左の事務を行ふ。

二　外交関係を処理すること。

三　条約を締結すること。但し、事前に、時宜によつては事後に、国会の承認を経ることを必要とする。

第七章　財政

第八八条［皇室財産・皇室費用］すべて皇室財産は、国に属する。すべて皇室の費用は、予算に計上して国会の議決を経なければならない。

第八九条［公の財産の支出・利用提供の制限］公金その他の公の財産は、宗教上の組織若しくは団体の使用、便益若しくは維持のため、又は公の支配に属しない慈善、教育若しくは博愛の事業に対し、これを支出し、又はその利用に供してはならない。

## 第九章　改正

第九六条［憲法改正の手続、その公布］①この憲法の改正は、各議院の総議員の三分の二以上の賛成で、国会が、これを発議し、国民に提案してその承認を経なければならない。この承認には、特別の国民投票又は国会の定める選挙の際行はれる投票において、その過半数の賛成を必要とする。
②憲法改正について前項の承認を経たときは、天皇は、国民の名で、この憲法と一体を成すものとして、直ちにこれを公布する。

## 第十章　最高法規

第九九条［憲法尊重擁護の義務］天皇又は摂政及び国務大臣、国会議員、裁判官その他の公務員は、この憲法を尊重し擁護する義務を負ふ。

# 皇室典範

## 第一章　皇位継承

第一条［皇位継承の資格］皇位は、皇統に属する男系の男子が、これを継承する。

第二条［皇位継承の順序］①皇位は、左の順序により、皇族に、これを伝える。

一　皇長子
二　皇長孫
三　その他の皇長子の子孫
四　皇次子及びその子孫
五　その他の皇子孫
六　皇兄弟及びその子孫
七　皇伯叔父及びその子孫

②前項各号の皇族がないときは、皇位は、それ以上

で、最近親の系統の皇族に、これを伝える。
③前二項の場合においては、長系を先にし、同等内では、長を先にする。
第三条［順序の変更］皇嗣に、精神若しくは身体の不治の重患があり、又は重大な事故があるときは、皇室会議の議により、前条に定める順序に従つて、皇位継承の順序を変えることができる。

第四条［即位］天皇が崩じたときは、皇嗣が、直ちに即位する。

## 第二章　皇族

第五条［皇族の範囲］皇后、太皇太后、皇太后、親王、親王妃、内親王、王、王妃及び女王を皇族とする。

第六条［親王・内親王・王・女王］嫡出の皇子及び嫡男系嫡出の皇孫は、男を親王、女を内親王とし、三世以下の嫡男系嫡出の子孫は、男を王、女を女王とする。

第七条［天皇の兄弟姉妹たる親王・内親王］王が皇位を継承したときは、その兄弟姉妹たる王及び女王は、特にこれを親王及び内親王とする。

第八条［皇太子・皇太孫］皇嗣たる皇子を皇太子という。皇太子のないときは、皇嗣たる皇孫を皇太孫という。

第九条［養子の禁止］天皇及び皇族は、養子をすることができない。

第一〇条［立后及び皇族男子の婚姻］立后及び皇族男子の婚姻は、皇室会議の議を経ることを要する。

第一一条［皇族の身分の離脱］①年齢十五年以上の内親王、王及び女王は、その意思に基き、皇室会議の議により、皇族の身分を離れる。
②親王（皇太子及び皇太孫を除く。）、内親王、王及び女王は、前項の場合の外、やむを得ない特別の事由があるときは、皇室会議の議により、皇族の

身分を離れる。

第一二条［皇族女子の婚姻による離脱］皇族女子は、天皇及び皇族以外の者と婚姻したときは、皇族の身分を離れる。

第一五条［皇族の身分の取得］皇族以外の者及びその子孫は、女子が皇后となる場合及び皇族男子と婚姻する場合を除いては、皇族となることがない。

第三章　摂政

第一六条［摂政を置く場合］①天皇が成年に達しないときは、摂政を置く。

②天皇が、精神若しくは身体の重患又は重大な事故により、国事に関する行為をみずからすることができないときは、皇室会議の議により、摂政を置く。

第一七条［就任の順序］①摂政は、左の順序により、成年に達した皇族が、これに就任する。

一　皇太子又は皇太孫

二　親王及び王

三　皇后

四　皇太后

五　太皇太后

六　内親王及び女王

②前項第二号の場合においては、皇位継承の順序に従い、同項第六号の場合においては、皇位継承の順序に準ずる。

第一八条［順序の変更］摂政又は摂政となる順位にあたる者に、精神若しくは身体の重患があり、又は重大な事故があるときは、皇室会議の議により、前条に定める順序に従つて、摂政又は摂政となる順序を変えることができる。

第二一条［特典］摂政は、その在任中、訴追されない。但し、これがため、訴追の権利は、害されない。

## 第四章　成年、敬称、即位の礼、大喪の礼、皇統譜及び陵墓

第二二条［成年］天皇、皇太子及び皇太孫の成年は、十八年とする。

第二三条［敬称］①天皇、皇后、太皇太后及び皇太后の敬称は、陛下とする。

②前項の皇族以外の皇族の敬称は、殿下とする。

第二四条［即位の礼］皇位の継承があつたときは、即位の礼を行う。

第二五条［大喪の礼］天皇が崩じたときは、大喪の礼を行う。

第二六条［皇統譜］天皇及び皇族の身分に関する事項は、これを皇統譜に登録する。

第二七条［陵墓］天皇、皇后、太皇太后及び皇太后を葬る所を陵、その他の皇族を葬る所を墓とし、陵及び墓に関する事項は、これを陵籍及び墓籍に登録する。

## 第五章　皇室会議

第二八条［組織］①皇室会議は、議員十人でこれを組織する。

②議員は、皇族二人、衆議院及び参議院の議長及び副議長、内閣総理大臣、宮内庁の長並びに最高裁判所の長たる裁判官及びその他の裁判官一人を以て、これに充てる。

③議員となる皇族及び最高裁判所の長たる裁判官以外の裁判官は、各〻成年に達した皇族又は最高裁判所の長たる裁判官以外の裁判官の互選による。

横田耕一

1939年高知市に生まれる
1963年国際基督教大学教養学部卒業
1968年東京大学大学院法学政治学研究科博士課
程単位取得退学
現在―九州大学名誉教授
専攻―憲法学
著書―『現代憲法講座 上』(共著，日本評論社)
『国民主権と天皇制』(共著，法律文化社)
『象徴天皇制の構造』(共編著，日本評論社)
訳書―『表現の自由』(共訳，東京大学出版会)

憲法と天皇制　　岩波新書(新赤版)129

1990年7月20日　第1刷発行 ©
2016年11月18日　第14刷発行

著　者　横田耕一《よこたこういち》

発行者　岡本　厚

発行所　株式会社 岩波書店
〒101-8002 東京都千代田区一ツ橋 2-5-5
案内 03-5210-4000　営業部 03-5210-4111
http://www.iwanami.co.jp/

新書編集部 03-5210-4054
http://www.iwanamishinsho.com/

印刷製本・法令印刷　カバー・半七印刷

ISBN4-00-430129-7　　Printed in Japan

# 岩波新書新赤版一〇〇〇点に際して

ひとつの時代が終わったと言われて久しい。だが、その先にいかなる時代を展望するのか、私たちはその輪郭すら描きえていない。二〇世紀から持ち越した課題の多くは、未だ解決の緒を見つけることのできないままであり、二一世紀が新たに招きよせた問題も少なくない。グローバル資本主義の浸透、憎悪の連鎖、暴力の応酬――世界は混沌として深い不安の只中にある。

現代社会においては変化が常態となり、速さと新しさに絶対的な価値が与えられた。消費社会の深化と情報技術の革命は、種々の境界を無くし、人々の生活やコミュニケーションの様式を根底から変容させてきた。ライフスタイルは多様化し、一面では個人の生き方をそれぞれが選びとる時代が始まっている。同時に、新たな格差が生まれ、様々な次元での亀裂や分断が深まっている。社会や歴史に対する意識が揺らぎ、普遍的な理念に対する根本的な懐疑や、現実を変えることへの無力感がひそかに根を張りつつある。そして生きることに誰もが困難を覚える時代が到来している。

しかし、日常生活のそれぞれの場で、自由と民主主義を獲得し実践することを通じて、私たち自身がそうした閉塞を乗り超え、希望の時代の幕開けを告げてゆくことは不可能ではあるまい。そのために、いま求められていること――それは、個と個の間で開かれた対話を積み重ねながら、人間らしく生きることの条件について一人ひとりが粘り強く思考することではないか。その営みの糧となるものが、教養に外ならないと私たちは考える。歴史とは何か、よく生きるとはいかなることか、世界そして人間はどこへ向かうべきなのか――こうした根源的な問いとの格闘が、文化と知の厚みを作り出し、個人と社会を支える基盤としての教養となった。まさにそのような教養への道案内こそ、岩波新書が創刊以来、追求してきたことである。

岩波新書は、日中戦争下の一九三八年一一月に赤版として創刊された。創刊の辞は、道義の精神に則らない日本の行動を憂慮し、批判的精神と良心的行動の欠如を戒めつつ、現代人の現代的教養を刊行の目的とする、と謳っている。以後、青版、黄版、新赤版と装いを改めながら、合計二五〇〇点余りを世に問うてきた。そして、いままた新赤版が一〇〇〇点を迎えたのを機に、人間の理性と良心への信頼を再確認し、それに裏打ちされた文化を培っていく決意を込めて、新しい装丁のもとに再出発したいと思う。一冊一冊から吹き出す新風が一人でも多くの読者の許に届くこと、そして希望ある時代への想像力を豊かにかき立てることを切に願う。

（二〇〇六年四月）